Dirk Halm

Der Islam als Diskursfeld

Dirk Halm

# Der Islam als Diskursfeld

Bilder des Islams in Deutschland

2. Auflage

VS VERLAG FÜR SOZIALWISSENSCHAFTEN

Bibliografische Information der Deutschen Nationalbibliothek
Die Deutsche Nationalbibliothek verzeichnet diese Publikation in der
Deutschen Nationalbibliografie; detaillierte bibliografische Daten sind im Internet über
<http://dnb.d-nb.de> abrufbar.

2. Auflage 2008

Alle Rechte vorbehalten
© VS Verlag für Sozialwissenschaften | GWV Fachverlage GmbH, Wiesbaden 2008

Lektorat: Frank Engelhardt

VS Verlag für Sozialwissenschaften ist Teil der Fachverlagsgruppe
Springer Science+Business Media.
www.vs-verlag.de

Das Werk einschließlich aller seiner Teile ist urheberrechtlich geschützt. Jede Verwertung außerhalb der engen Grenzen des Urheberrechtsgesetzes ist ohne Zustimmung des Verlags unzulässig und strafbar. Das gilt insbesondere für Vervielfältigungen, Übersetzungen, Mikroverfilmungen und die Einspeicherung und Verarbeitung in elektronischen Systemen.

Die Wiedergabe von Gebrauchsnamen, Handelsnamen, Warenbezeichnungen usw. in diesem Werk berechtigt auch ohne besondere Kennzeichnung nicht zu der Annahme, dass solche Namen im Sinne der Warenzeichen- und Markenschutz-Gesetzgebung als frei zu betrachten wären und daher von jedermann benutzt werden dürften.

Umschlaggestaltung: KünkelLopka Medienentwicklung, Heidelberg
Druck und buchbinderische Verarbeitung: Krips b.v., Meppel
Gedruckt auf säurefreiem und chlorfrei gebleichtem Papier
Printed in the Netherlands

ISBN 978-3-531-16156-3

# Inhalt

Einleitung .................................................................................................. 7
1 **Problemstellung** ............................................................................ 11
2 **Konzept: Der Islam als Diskursfeld** ......................................... 19
3 **Forschungsstand** ........................................................................... 25
    3.1    Der deutsche Islamdiskurs seit 2001 ................................. 25
    3.2    Vertretung der Muslime durch die Verbände .................. 33
    3.3    Forschungsdesiderate ......................................................... 37
4 **Vorgehensweise** ............................................................................ 41
    4.1    Ablauf der Erhebung und Auswertung ............................ 41
    4.2    Ergebnis der Fokusgruppen .............................................. 43
    4.2.1  Christlich-islamischer Dialog ............................................ 43
    4.2.2  Integrationspolitik ............................................................... 44
    4.2.3  Muslimische Verbände ....................................................... 46
5 **Ergebnisse** ....................................................................................... 49
    5.1    Christlich-islamischer Dialog ............................................ 49
    5.1.1  Quantitative Entwicklung des Dialogs ............................. 49
    5.1.2  Dialogthemen ....................................................................... 53
    5.1.3  Dialoghaltungen .................................................................. 57
    5.1.4  Organisatorische Fragen .................................................... 65
    5.2    Integrationspolitik ............................................................... 67
    5.2.1  Integration des Islams als politische Aufgabe ................ 67
    5.2.2  Wahrnehmung der Muslime als politische Akteure ...... 73
    5.2.3  Strategien .............................................................................. 79

| 5.3 | Muslimische Verbände | 85 |
|---|---|---|
| 5.3.1 | Entwicklung der (organisierten) Religiosität | 85 |
| 5.3.2 | Veränderung des Tätigkeitsspektrums | 91 |
| 5.3.3 | Lobbying der Verbände | 92 |
| 5.3.4 | Die islamischen Verbände in der Öffentlichkeit | 95 |
| 5.3.5 | Konflikte und Islamfeindlichkeit | 98 |

**6 Konstruktion des Islams in Deutschland durch den Diskurs** ... 101

| 6.1 | Islambilder der Akteure | 101 |
|---|---|---|
| 6.2 | Interreligiöser Dialog | 102 |
| 6.3 | Integrationspolitik | 105 |
| 6.4 | Muslimische Verbände | 109 |

**7 Szenarien einer zukünftigen (Des-)Integration des Islams in Deutschland** ... 113

| 7.1 | Verbindung mit anderen öffentlichen Diskursen | 113 |
|---|---|---|
| 7.2 | „Kampf der Kulturen" | 113 |
| 7.3 | „Euro-Islam" und Integrationsperspektive der Muslime | 117 |
| 7.4 | Parallelgesellschaft | 122 |
| 7.5 | Bedeutungsverlust von Religion | 125 |

**Literatur** ... 129

**Quellen** ... 133

**Verzeichnis der Interviews** ... 135

**Abkürzungsverzeichnis** ... 137

**Anhang: Interviewleitfäden** ... 139

# Einleitung

Mit bis zu 3,5 Mio. Menschen in Deutschland, die familiäre Wurzeln in islamisch geprägten Ländern haben, ist es eigentlich erstaunlich, dass sich die Frage der Integration des Islams in die deutsche Gesellschaft erst relativ spät, vermehrt seit der Mitte der 1990er Jahre, stellte. Die Integration der Muslime wurde damit erst in einem Moment – zunächst in den Kommunen und in den Ländern – zum Thema, als die Muslime im Zuge der Verfestigung ihrer Aufenthalte in Deutschland und der häufigeren Aufgabe zuvor weit verbreiteter Rückkehrillusionen begannen, auch durch die Errichtung repräsentativer Moscheebauten, stärker öffentlich sichtbar zu werden und sich erste juristische Auseinandersetzungen um das Recht zur Erteilung von Religionsunterricht, Kopftuch im öffentlichen Dienst, Schächten u. Ä. anzubahnen begannen.

Diese verzögerte Beachtung der Islamfrage hat sicherlich auch damit zu tun, dass Deutschland sich erst sehr verspätet und zaghaft überhaupt als Einwanderungsland zu begreifen begann und erst seit 2005 überhaupt eine Integrationspolitik auf Bundesebene in Kraft ist (das lang umstrittene „Zuwanderungsgesetz")[1], womit in Politik und Öffentlichkeit das Bewusstsein dafür, dass die gesellschaftliche Integration mit Blick auf zugewanderte Gruppen spezifische Anforderungen stellen kann, erst eine breitere Verankerung fand, die ihren Ausgangspunkt in der „Green-Card"-Diskussion und der daraufhin eingerichteten Zuwanderungskommission ab dem Jahr 2000 genommen hatte.[2] Auf Länderebene war der Islam, etwa

---

1 Siehe zu einer Würdigung der Zuwanderungspolitik seit 2000 Schönwälder, Karen: Kleine Schritte, verpasste Gelegenheiten, neue Konflikte. Zuwanderungsgesetz und Migrationspolitik. In: Blätter für deutsche und internationale Politik 10/2004, S. 1205-1214.
2 Siehe hierzu den Bericht der Unabhängigen Kommission „Zuwanderung": Zuwanderung gestalten – Integration fördern. Berlin 2001.

im Zuge der Auseinandersetzungen um die Anerkennung muslimischer Gruppen als Religionsgemeinschaften und die Erteilung von Religionsunterricht, schon länger Thema, ohne dass lange Zeit aber eine systematische Befassung der Landespolitik daraus gefolgt zu sein schien. Auch wenn der 11. September 2001 bei näherer Betrachtung in Deutschland kein Wendepunkt im Zusammenleben von „Deutschen" und Muslimen gewesen ist: Denn speziell die Angst vor dem Islam ist weit vor diesem Datum etabliert, obwohl diese Tatsache in den Hintergrund getreten ist – die Terroranschläge und ihre Folgen haben den Diskurs um die Integration des Islams dennoch maßgeblich verändert. Zwar existierte das Wissen um die Notwendigkeit der Integration des Islams schon davor und ebenso auch in erheblichem Umfang die Ablehnung des Islams als terroristische und kulturelle Bedrohung – der 11. September und die auf ihn folgenden Anti-Terror-Kriege haben der Auseinandersetzung aber einen bis heute wirkenden Impuls gegeben und die Religion als herausragende Kategorie in einem ohnedies intensivierten Integrationsdiskurs etabliert. Der Islam ist überdies ein wichtiges Element weiterer Debatten abseits des Integrationsdiskurses im engere Sinne, sei es die Zukunft der Säkularisierung, der „Kampf der Kulturen", die Entstehung von „Parallelgesellschaften" oder die Entwicklung eines europäischen Islams.

Die vorliegende Studie analysiert auf der Grundlage von Experteninterviews den aktuellen Diskurs um die Integration des Islams in die deutsche Gesellschaft. Unter Rückgriff auf Werner Schiffauers schon 1997 vorgeschlagenes Konzept des Islams als Diskursfeld zeigt der Text, wie unterschiedliche Akteure bestimmte Bilder des Islams in der Öffentlichkeit etablieren, um damit Positionen zu stützen und Interessen zu vertreten. Auf dieser Grundlage werden die Perspektiven diskutiert, die der deutsche Islam unter den herausgearbeiteten diskursiven Bedingungen hat.

Die Fähigkeit zur Etablierung eines bestimmten Islambildes im öffentlichen Diskurs ist eine Machtfrage, ebenso wie die Durchsetzung von Leitbildern, wie eine in Deutschland rechtlich und gesellschaftlich voll integrierte muslimischen Community aussehen sollte. Die Funktion der vorliegenden Studie ist entsprechend, diese Machtverhältnisse und ihre Manifestation im Diskurs zu beschreiben und damit eine Grundlage dafür zu schaffen, das selbstreflexive Potential des deutschen Islamdiskurses zu stärken. Wie die Studie zeigen wird, partizipieren zahlreiche Akteure am Diskurs um die Integration des Islams aus Interessenlagen heraus, die nur mittelbar oder auch überhaupt nicht auf die gleichberechtigte Teilhabe der Muslime in Deutschland zielen. Die Identifikation solcher Diskursstrategien und -taktiken ist ein erster Schritt zur Emanzipation des Islamdiskurses von Ressourcenkonkurrenzen sowie sicherheitspolitischen und anderen Überlegungen. Weiterhin gibt die vorliegende Analyse Hinweise darauf, in welche Richtung ein Zusammenleben mit dem Islam zukünftig überhaupt realistischerweise gedacht werden kann, also was mit Blick auf die Interessen der Akteure durchsetzbar scheint.

Die vorliegende Studie entstand durch Förderung der Fritz Thyssen Stiftung in den Jahren 2006 und 2007.

# 1 Problemstellung[3]

Die Verbindung der Themen Islam und Zuwandererintegration ist in Migrationsforschung und Politik ein relativ junges Phänomen, was damit zu tun hat, dass einerseits muslimische Zuwanderer erst verspätet in den europäischen Aufnahmegesellschaften endgültig sesshaft und in ihrer Religiosität auch sichtbar wurden, andererseits im Nachkriegseuropa Religion als gesellschaftspolitische Kategorie mehr und mehr an Bedeutung verloren hatte[4] und somit die Sensibilität für einen möglichen Zusammenhang von Religion und gesellschaftlicher (Des)integration nur wenig ausgeprägt war.

Seit dem 11. September 2001 scheint die Integrationspolitik in Deutschland nun aber im Gegenteil immer stärker von der Aufgabenstellung einer Integration des Islams dominiert zu werden. Augenscheinlich belegt wird diese These durch die Einberufung einer „Deutschen Islamkonferenz" durch Bundesinnenminister Wolfgang Schäuble, erstmalig am 27. September 2006, sowie durch die explizite Erwähnung, des „Dialogs mit dem Islam" als „Bestandteil von Integrationspolitik und politischer Bildung" im Vertrag über die Große Koalition von CDU/CSU und SPD 2005[5]. Religion ist also nun doch zu einer wichtigen Kategorie von Integrationspolitik geworden.

---

3   Aus Gründen der einfacheren Lesbarkeit beschränkt sich der vorliegende Text auf die Verwendung der männlichen Form bei der Rede von Individuen und Gruppen. Die weiblichen Individuen und Gruppen sind dabei immer mit gemeint.
4   Tiesler, Nina Clara: Europäisierung des Islam und Islamisierung der Debatten. In: Aus Politik und Zeitgeschichte 26/27 2007, S.24-32.
5   Gemeinsam für Deutschland – Mit Mut und Menschlichkeit. Koalitionsvertrag zwischen CDU, CSU und SPD vom 11.11.2005, S. 117.

In der Folge gewinnt auch der „Dialog der Religionen" an gesellschaftspolitischer Relevanz, indem Religion als wieder integrationsrelevante Kategorie erscheint und unterschiedliche Positionen einzelner Religionsgemeinschaften deshalb wieder öffentliche Aufmerksamkeit finden. Levent Tezcan diagnostiziert:

> Diese Verknüpfung von gesellschaftspolitischen und religiösen Themen war im CID [christlich-islamischen Dialog, Anmerkung D. H.] von Anfang an präsent. [...] Es fehlte jedoch die gesellschaftliche Aufmerksamkeit. Diese wurde ihm erst zuteil, als der Islam und die Muslime in vielerlei Hinsicht als Sicherheitsrisiko auftauchten. Inzwischen scheint sich die Rede vom interkulturellen und interreligiösen Dialog zu verselbstständigen. Neben den organisierten Dialogen der religiösen Akteure findet in der medialen Öffentlichkeit ein überbordender Diskurs statt, der nach sensationsträchtigen Gewaltakten wie den Terroranschlägen in Madrid und London oder dem Mord an Theo van Gogh erneut auflebte.[6]

In diesem Prozess scheint sich der interreligiöse Dialog von seinen eigentlichen inhaltlichen Schwerpunkten – nach allgemeinem Verständnis zuvorderst der Austausch über Glauben und religiöse Erfahrungen – zu emanzipieren und immer weiter in Richtung gesamtgesellschaftlicher Integrationsfragestellungen zu driften.[7] Paradebeispiel für diese Entwicklung sind die Islamforen in Deutschland, die sich als eher hybride Projekte an der Schnittstelle von Integrationsdiskurs, interreligiösem und interkulturellem Dialog verstehen.[8] Die gleiche Tendenz ist auch an den breit diskutierten Verlautbarungen der Evangelischen Kirche in Deutschland ablesbar, die im Abstand von sechs Jahren, 2000 und 2006, zwei Handrei-

---

6   Tezcan, Levent: Interreligiöser Dialog und politische Religionen. In: Aus Politik und Zeitgeschichte 28-29/2006, S. 28.
7   Diese Entwicklung illustriert etwa die Themensetzung des Symposium „Religion und Integration" des Annemarie-Schimmel-Forums am 28.2 und 1.3. in Berlin mit dem Panel „Die Rolle der Religionen bei der gemeinsamen Lösung von gesellschaftlichen Zukunftsaufgaben".
8   Siehe zur Programmatik der Islamforen die Einführungen von Jürgen Micksch und Yasar Bilgin in Micksch, Jürgen: Islamforen in Deutschland. Dialoge mit Muslimen. Frankfurt/Main 2005, S. 8-12.

# 1 Problemstellung

chungen zur Begegnung mit Muslimen veröffentlicht hat.[9] Beschränkt sich die ältere Handreichung noch auf sehr konkrete Fragestellungen des interreligiösen Dialogs und des christlich-muslimischen Zusammenlebens, diskutiert das jüngere Papier auf breiterer Grundlage gesellschaftliche Integrationsaufgaben, die weit über Fragen des interreligiösen Zusammenlebens hinausgehen.[10] Auch in den Verlautbarungen der katholischen Kirche zum interreligiösen Dialog ist eine solche Tendenz, aber in abgeschwächter Form und mit einer etwas anderen Schwerpunktsetzung, festzustellen,[11] indem nämlich mit dem Thema Zuwandererintegration auch sehr dezidiert humanitäre Fragen der Migration verbunden werden – obwohl auch die neueren Verlautbarungen eher auf Abstand zur politischen Frage der gesellschaftlichen Integration bleiben und auch immer die Bedeutung des letztendlich theologischen, nicht primär gesellschaftspolitischen Charakters interreligiösen Dialogs betonen. Allerdings dürfte die Regensburger Vorlesung Benedikts XVI. ein neues Kapitel aufgeschlagen haben, da sie in ihrer theologisch geführten Auseinandersetzung mit dem Islam unmittelbare Anknüpfungspunkte an die politische Diskussion bietet.

---

9  EKD: Zusammenleben mit Muslimen in Deutschland. Gestaltung der christlichen Begegnung mit Muslimen. Eine Handreichung. Hannover 2000; EKD: Klarheit und gute Nachbarschaft. Christen und Muslime in Deutschland. Eine Handreichung. Hannover 2006.

10  So verzeichnet die Handreichung ein Kapitel „Religion, Migration und Integration" mit den Unterpunkten „Zuwanderung und Leitbild Integration", „'Multikulturelle Gesellschaft' in der Kontroverse", „Integration und gesellschaftlicher Dialog".

11  Vgl. Sekretariat der Deutschen Bischofskonferenz (Hg.): Das Christentum und die Religionen. Arbeitshilfe Nr. 136, Bonn 1996; Sekretariat der Deutschen Bischofskonferenz (Hg.): Christen und Muslime in Deutschland. Arbeitshilfe Nr. 172. Bonn 2003; Sekretariat der Deutschen Bischofskonferenz (Hg.): Integration fördern – Zusammenleben gestalten. Wort der deutschen Bischöfe zur Integration von Migranten. Bonn 2004. Für das Dialogkonzept der katholischen Kirche außerdem bis heute maßgebend: Pontifical Council for Interreligious Dialogue: The Attitude of the Catholic Church towards the Followers of Other Religious traditions: Reflections on Dialogue and Mission. Rome 1984. Hier werden vier Schwerpunkte des interreligiösen Dialogs unterschieden: Leben, Handeln, theologischer Austausch und religiöse Erfahrung; siehe auch Kaulig, Ludger: Ebenen des christlich-islamischen Dialogs. Münster 2004.

Politisch zeigte sich die Verschränkung der Themen Islam und Zuwandererintegration bisher wohl am deutlichsten im zur Jahreswende 2005/2006 vom Innenministerium Baden-Württembergs entwickelten „Muslim-Test" im Einbürgerungsverfahren, der Einbürgerungswillige aus muslimischen Herkunftsländern exklusiv einer besonderen Prüfung ihrer Verfassungstreue unterziehen wollte (allerdings dann durch eine im Rahmen der Innenministerkonferenz der Länder verabschiedete, „entschärfte" bundeseinheitliche Richtlinie ersetzt wurde).[12] Es gibt damit eine offenbar sicherheitspolitische Motivation, den Islam in Deutschland zu thematisieren, wobei integrationspolitische Handlungsfelder – wie hier das Staatsbürgerschaftsrecht – berührt werden.

Zugleich gibt die soziologische Forschung zu Migration und Integration in Deutschland seit 2001 vermehrt Anlass, in der integrationspolitischen Debatte speziell der Integration der Muslime besondere Beachtung zu schenken. So zeigen neuere Arbeiten zur Sozialintegration von Migranten in Deutschland, dass in den letzten Jahren zunehmende Desintegration einerseits mit Blick auf die Arbeitsmarktchancen und die Einkommenssituation von Migranten zu beklagen ist, anderseits aber auch die kulturelle Differenz von Muslimen zur Aufnahmegesellschaft insofern zu wachsen droht, als die Bedeutung der (anderen) Religion in der Selbst- und Fremdzuschreibung eine immer stärkere Betonung erfuhr.[13] Gleichzeitig können neuere Daten der empirischen Sozialforschung als Belege für eine Verschlechterung des interreligiösen und interkulturellen Zusammenlebens in Deutschland herangezogen werden.[14] Entsprechend

---

12 Der durch weite Teile von Politik und Öffentlichkeit abgelehnte, wenn nicht skandalisierte Vorstoß Baden-Württembergs kann in den Kontext ernsthafter (rechtswissenschaftlicher) Überlegungen zu den Grenzen der Religionsfreiheit in Deutschland gestellt werden, so von Zinser, Hartmut: Wehrhafte Religionsfreiheit und religiöser Verbraucherschutz. Grenzen der Religionsfreiheit in der Bundesrepublik Deutschland. In: Klinkhammer, Gritt/Tobias Frick (Hg.): Religionen und Recht. Eine interdisziplinäre Diskussion um die Integration von Religionen in demokratische Gesellschaften. Marburg 2002, S. 71-82.
13 Siehe Halm, Dirk/Martina Sauer: Parallelgesellschaft und ethnische Schichtung. In: Aus Politik und Zeitgeschichte 1-2/2006, S. 18-24.
14 So etwa die Umfrage des Instituts FORSA im Auftrag des Magazins „stern" (veröffentlicht am 12.10.2006) unter Türkeistämmigen in Deutschland, die 45% der Befrag-

gewinnt die Verständigung mit dem Islam zu Recht an Bedeutung für die Integration von Gesellschaft. Anders formuliert: Die Notwendigkeit der Integration des Islams folgt aus der Mutmaßung, dass nur die Pluralisierung, nicht aber der Funktionsverlust von Religion, anders als früher oft unterstellt, in westlichen Gesellschaften eine Konstante ist.

Die Koalitionsregierung in Berlin bringt ihre Integrationspolitik auf die Formel des „Förderns und Forderns"[15]. Möglicherweise etabliert sie damit langsam eine Alternative zu einer jahrzehntelangen Politik, die sich im Spannungsfeld von Toleranz und Assimilierungsforderung bewegte und Fragen von Integration und Zuwanderung durch fragmentarische Gesetzgebung und Verordnungen zu regeln suchte und die nur in Ausnahmefällen auf Bundesebene stattfand.

Man könnte argumentieren, dass im Zuge dieser Entwicklung die Muslime von im Sinne eines Fürsorgemodells zu versorgenden Individuen zu einer Gruppe werden könnten, die ihre politischen Interessen aktiv vertritt. Analog stellt die sozialwissenschaftliche Literatur schon seit den 1990er Jahren die wachsende Bereitschaft der islamischen Organisationen zur öffentlichen Artikulation ihrer Belange fest[16] – und setzt große Hoffnungen in eine solche Entwicklung, wie etwa Claus Leggewie:

> Der Islam im Westen gehört in die Mitte der politischen Öffentlichkeit. Wer hierzulande in islamische Universitäten und Kirchen investiert, ist deshalb nicht geschichtsvergessen oder politisch naiv, sondern handelt in weiser Voraussicht und allemal zukunftsbewusster als alle konservativen Protektoren des christlichen Abendlandes.[17]

---

    ten ausweist, die eine Verschlechterung im Zusammenleben zwischen Muslimen und Aufnahmegesellschaft in Deutschland sehen. 60% der Befragten empfinden die USA als „Feind".

15  So die Integrationsbeauftragte der Bundesregierung Maria Böhmer anlässlich des „Integrationsgipfels" am 13.06.2006 im Deutschlandfunk.

16  Vgl. Kreile, Renate: Der politische Islam in Deutschland. In: Gegenwartskunde 2/1999, S. 179.

17  Leggewie, Claus: Alhambra – Der Islam im Westen. Reinbek 1993, S. 195 (zitiert nach Kreile, Renate: Der politische Islam in Deutschland. In: Gegenwartskunde 2/1999, S. 189-190).

Im Abstand von mehr als einem Jahrzehnt scheint die Euphorie dieses Zitats nur noch sehr bedingt nachvollziehbar, gestalten sich doch viele Auseinandersetzungen um die Partizipation von Muslimen äußerst konfrontativ: Sei es mit Blick auf den politischen und juristischen Streit um das Kopftuch für Lehrerinnen, islamische Schlachtvorschriften oder den gesamten Bereich „kulturell" oder politisch motivierten abweichenden Verhaltens (Ehrenmorde, Zwangsheiraten, islamistisch motivierter Terrorismus usw.), was von der Aufnahmegesellschaft – und teilweise auch von Stimmen aus der muslimischen Community selbst[18] – dazu genutzt wird, die Möglichkeit der Integration des Islams in die westliche Gesellschaft generell in Frage zu stellen – wie etwa beim schon erwähnten baden-württembergischen „Muslim-Test" zumindest implizit geschehen.

Die Auseinandersetzungen um das Verhältnis von Religion und Meinungsfreiheit im Zuge des Karikaturenstreits seien hier als weitere Debatte genannt, die aber ebenfalls eher dagegen spricht, dass sich der Islam ohne massive Konflikte in der „Mitte der politischen Öffentlichkeit" in Deutschland, wie Leggewie es formuliert, in absehbarer Zeit wiederfinden wird.[19] Hinzu kommt, dass eine Asymmetrie im Dialog der Mehrheitsgesellschaft mit den Muslimen nach wie vor besteht. Auch wenn mit der Schaffung eines Koordinierungsrates großer muslimischer Verbände erstmalig ein Ansprechpartner im Entstehen begriffen sein könnte, der in der Mehrheitsgesellschaft als Vertretung der Muslime Ak-

---

18  So etwa durch die Bewegung der „Ex-Muslime".
19  Der „Spiegel" vom 26.03.2006 thematisiert in seiner Titelgeschichte „Mekka Deutschland – Die stille Islamisierung" anlässlich des Urteils in einem Frankfurter Scheidungsverfahren, in dem Gewalt in der Ehe mit Blick auf das muslimische Bekenntnis der Klägerin nicht als besondere unzumutbare Härte anerkannt worden war, insbesondere justische Konflikte um das Recht auf Religionsfreiheit. Die zwar zugespitzte Darstellung bietet einen guten Überblick über die juristischen Auseinandersetzungen der letzten Jahre, von der Verpflichtung muslimischer Schülerinnen zur Teilnahme am Schwimmunterricht bis zu Verneinung der Verteidigung der Ehre als niederen Beweggrund in Mordverfahren. Dessen ungeachtet misst die europäische Öffentlichkeit beim Verhältnis von Meinungsfreiheit und Religion mit zweierlei Maß; siehe hierzu Jäger, Siegfried: Der Karikaturenstreit im „Rechts-Mitte-Links"-Diskurs deutscher Printmedien. In: Jäger, Siegfried/Dirk Halm (Hg.): Mediale Barrieren. Rassismus als Integrationshindernis. Münster 2007, S. 55-60.

zeptanz findet – die Diskursmacht der Islamvertreter wird auch dann noch weit hinter derjenigen aufnahmegesellschaftlicher Akteure zurückbleiben. Bis zur Anerkennung als Körperschaft des öffentlichen Rechts ist es noch ein weiter Weg, und damit auch zur Erfüllung der Anforderungen, die sich aus dem deutschen Staatskirchenrecht ergeben. Zudem gibt es Hinweise darauf, dass der starke Rechfertigungsdruck auf die Muslime vor dem Hintergrund islamistisch motivierten Terrorismus den Islam in Deutschland eher noch weiter heterogenisiert haben könnte.[20] Aufgaben wie die Etablierung eines nach dem GG anerkannten Trägers islamischen Religionsunterrichts an deutschen Schulen oder die Etablierung islamischer Sozialverbände bleiben damit bisher unerledigt. Die Deutsche Islamkonferenz, deren Startschuss mit dem Islamgipfel bei Bundsinnenminister Wolfgang Schäuble im September 2006 fiel, soll sich neben Fragen der Sozialintegration auch den oben genannten Strukturproblemen widmen.[21] Sie stellt sich dieser Aufgabe unter den oben umrissenen, äußerst komplizierten Voraussetzungen.

Es wird zukünftig in Deutschland darum gehen, die Muslime im säkularen Staat zu positionieren. Und hier gilt es, wie Heiner Bielefeldt ausführt, ein weit verbreitetes Missverständnis zu vermeiden: Die Säkularisierung des Islams bedeutet nicht, dass er zukünftig nicht als gesellschaftspolitischer Akteur wirken sollte – Säkularisierung ist nicht zu verwechseln mit einem Monopol des Staates auf das Politische.[22] Damit ist nicht zu erwarten, dass ein säkularer Islam gleichbedeutend mit der Lösung aller möglichen gesellschaftlichen Konflikte ist, die sich aus dem Zusammenleben unterschiedlicher Religionen, Kulturen und Wertvorstellungen ergeben. Im Gegenteil hätte der Islam in viel größerem Maße die Legitimität, seine Positionen im politischen Diskurs gleichberechtigt zu vertreten.

Offizielle Verlautbarungen muslimsicher Gemeinschaften in Deutschland betonen in den letzten Jahren das Primat des säkularen Staates ge-

---

20 Vgl. Halm, Dirk/Marina Liakova/Zeliha Yetik: Zur Wahrnehmung des Islams und der Muslime in der deutschen Öffentlichkeit 2000-2005. In: Zeitschrift für Ausländerrecht und Ausländerpolitik 5-6/2006, S. 205-206.
21 Vgl. Newsletter Migration und Bevölkerung 9/2006.
22 Vgl. Bielefeldt, Heiner: Muslime im säkularen Rechtsstaat. Integrationschancen durch Religionsfreiheit. Bielefeld 2003, S. 41.

genüber der Scharia explizit, womit diese Legitimität mehr und mehr zu erlangen gesucht wird.[23] Die Rechtsordnung der Bundesrepublik sollte damit für die Mehrzahl der (organisierten) Muslime in Deutschland nicht mehr in Frage stehen, womit trotzdem die Frage nicht erledigt sein wird, inwiefern islamische Rechtsvorstellungen mit der Rechtsordnung der Bundesrepublik kompatibel sind oder zukünftig kompatibel gemacht werden können. Matthias Rohe beschreibt diese Herausforderung wie folgt:

> [Die Integration des Islams] kann nur gelingen, wenn sorgfältig zwischen dem Islam als Religion und seiner politisierten Form durch Extremisten unterschieden wird [...] Zu lösen bleibt die Frage, welcher Weg zwischen unzulässiger staatlicher Definition religiöser Inhalte einerseits und schrankenloser Selbstdefinition durch Einzelne andererseits einzuschlagen ist. Abstrakte Formeln müssen erst noch entwickelt werden. Die primäre Aufgabe des Rechts besteht zunächst in der Lösung konkreter Einzelfragen, wie z.b. die Etablierung eines islamischen Religionsunterrichts [...] Gleichzeitig bieten sich vielfältige Entwicklungsmöglichkeiten im Rahmen des dispositiven Bürgerlichen Rechts. Am Ende der Entwicklung ist eine rechtliche und gesellschaftliche „Normalität" des Islam in Deutschland zu erhoffen.[24]

Ob diese Entwicklung so eintritt hängt – übertragen auf die Begriffsbildung der vorliegenden Arbeit – davon ab, mit welchen Positionen und Diskursstrategien sich Muslime und Aufnahmegesellschaft im Zuge der fortschreitenden Integration des Islams in Deutschland, idealer Weise verstanden als immer stärkere gesellschaftspolitische Partizipation, begegnen werden. Der vorliegende Text gibt auf der Grundlage von Gesprächen mit den Akteuren eine empirisch fundierte Antwort. Zumindest in mittelfristiger Perspektive nährt die Studie eher Zweifel – jedenfalls an der Möglichkeit gleichberechtigter Partizipation, eventuell aber auch an der zu erwatenden „Normalität".

---

23 Siehe das Informationsblatt „Scharia als Glaubensweg von Muslimen" des Deutschen Islamforums aus dem Jahr 2006 und die „Islamische Charta" des Zentralrats der Muslime in Deutschland aus dem Jahr 2003.
24 Rohe, Mathias: Islam und deutsches Recht. In: Zeitschrift für Türkeistudien 1/2000, S. 7-26, hier S. 25.

## 2 Konzept: Der Islam als Diskursfeld

Werner Schiffauer konzipiert den Islam als „Diskursfeld", „als eine Arena, in der zahlreiche Akteure untereinander aushandeln, was der Islam ‚ist'."[25] Als wichtigste Determinante dieses Aushandlungsprozesses versteht er, unter Rückgriff auf Pierre Bourdieu,[26] das Verhältnis von Diskurs und Macht, wobei der Zusammenhang darin besteht, dass unterschiedliche Akteure, je nach Reichweite ihres Einflusses auf den Diskurs, mit dem von ihnen propagierten Inhalten den Islam „repräsentieren", und zwar wie folgt:

> Den Islam als Diskursfeld zu begreifen heißt [...], Aussagen über das Wesen des Islam als rhetorische Strategien zu begreifen, mit denen Akteure innerhalb eines Diskursfelds versuchen, Punkte gegen andere Akteure zu sammeln.[27]

In diesem Prozess werden Positionen zum Zweck der gegenseitigen Abgrenzung der Akteure von einander ständig modifiziert.[28]

---

25  Schiffauer, Werner: Ausbau von Partizipationschancen islamischer Minderheiten als Weg zur Überwindung des islamischen Fundamentalismus? In: Bielefeldt, Heiner/ Wilhelm Heitmeyer (Hg.): Politisierte Religion. Ursachen und Erscheinungsformen des modernen Fundamentalismus. Frankfurt/Main 1998, S. 419.
26  Siehe Bourdieu, Pierre: Was heißt sprechen. Die Ökonomie des sprachlichen Tausches. Wien 1990.
27  Schiffauer, Werner: Ausbau von Partizipationschancen islamischer Minderheiten als Weg zur Überwindung des islamischen Fundamentalismus? In: Bielefeldt, Heiner/ Wilhelm Heitmeyer (Hg.): Politisierte Religion. Ursachen und Erscheinungsformen des modernen Fundamentalismus. Frankfurt/Main 1998, S. 420.
28  Vgl. Schiffauer, Werner: Muslimische Organisationen und ihr Anspruch auf Repräsentativität: Dogmatisch bedingte Konkurrenz und Streit um Institutionalisierung. In: Es-

Natürlich erfolgen diese unterschiedlichen Repräsentationen des Islams nicht allein durch die muslimische Community, sondern auch durch Akteure der Aufnahmegesellschaft und weitere. Die vieldiskutierte Regensburger Vorlesung Papst Benedikt des XVI. vom 12. September 2006[29] beispielsweise sowie die Reaktion muslimischer Stimmen auf diese Rede illustrieren eine solche Repräsentation und das Sammeln von Punkten auf gegenseitige Kosten prototypisch. Ohne hier auf die durch Benedikt in Regensburg begonnene Debatte um Vernunft und Mensch-Gottes-Verhältnis im Islam und im Christentum einzugehen,[30] ist die Reaktion 38 muslimischer Geistlicher in einem offenen Brief doch hinsichtlich der Art und Weise der Argumentation interessant. Sie schreiben an den Papst:

> Ihr bezieht Euch an einem Punkt nicht-spezifisch auf „die Experten" (über Islam) und zitiert auch zwei katholische Gelehrte beim Namen, Professor (Adel) Theodore Khoury und (Assoziierter/Außerordentlicher Professor) Roger Arnaldez. Es ist hier ausreichend zu sagen, dass während viele Muslime anerkennen, dass es verständnisvolle nicht-Muslime und Katholiken gibt, die wahrhaft als „Experten" des Islams betrachtet werden können, Muslime nach unserem Wissen die die von Euch referierten „Experten" nicht indossiert, oder als die Muslime oder ihre Absichten repräsentierend anerkannt haben. [... Es] scheint uns, dass ein großer Teil der Sache des interreligiösen Dialogs ist, danach zu streben, den echten Stimmen desjenigen zu lauschen und sie zu erwägen, mit dem wir Dialog führen, und nicht nur derjenigen unserer eigenen Meinung.[31]

---

 cudier, Alexandre (Hg.): Der Islam in Europa. Der Umgang mit dem Islam in Deutschland und Frankreich. Göttingen 2003, S. 155.
29  In: Benedikt XVI.: Glaube und Vernunft. Die Regensburger Vorlesung. Freiburg/Breisgau 2006, S. 11-32.
30  Siehe zu einer ausführlichen Analyse der Regensburger Rede und zu ihrer Bedeutung für die Positionierung von Katholizismus und Orthodoxie gegenüber dem Islam den Beitrag von Paul, Jobst: Auf dem Weg zur „robusten" Ökumene. Vernunft und Glaube in Regensburg. In: DISS-Journal No. 15 (2007), S. 11-17.
31  „Offener Brief von 38 bedeutenden islamischen Gelehrten an Papst Benedikt XVI." Übersetzt von Michael Blume, im englischen Original veröffentlicht auf www.islamicamagazine.com.

## 2 Konzept: Der Islam als Diskursfeld

Der Brief kann als recht deutlicher Verweis auf den in der vorliegenden Studie verfolgten diskursanalytischen Ansatz verstanden werden. Die Frage, wer den Islam repräsentiert und deutet ist äußerst relevant. Damit unterstreicht der Brief die Angemessenheit der theoretischen Konzeption für die Analyse unseres Gegenstandes. Zugleich bestärkt er zwischen den Zeilen die schon im Eingangskapitel formulierte Einschätzung, dass von einer deutlichen Asymmetrie im christlich-islamischen Dialog auszugehen ist[32], die in einer Fragmentierung der vertretenen Positionen auf islamischer Seite begründet ist – so stark, dass diskursmächtige Nichtmuslime unter Umständen mit ihrem Entwurf über das Wesen des Islams im Diskurs „punkten". Ebenso können islamische Minderheitenpositionen den Diskurs dominieren, was beispielsweise in der Auseinandersetzung um die Religionsfreiheit der Muslime vor deutschen Gerichten der Fall zu sein scheint (Kopftuchverbot für Lehrerinnen, Schächten, Recht auf Erteilung von Religionsunterricht etc.).[33] Es ist davon auszugehen, dass in diesen Auseinandersetzungen in der Regel Minderheitenpositionen innerhalb der muslimischen Community politische Öffentlichkeit finden.[34]

Der Islam-Diskurs konstituiert sich durch zahlreiche Redestrategien.[35] Im christlich-islamischen Dialog beispielsweise ist die vielleicht häufigste der Vergleich – eine Strategie, die in der Regel durch die (meist implizite) Forderung einer völkerrechtlichen Reziprozität von Religionsfreiheit umgesetzt wird – also Muslimen nur dann das Recht der ungehinderten Glaubensausübung zu gewähren, wenn auch die Herkunftsländer der muslimischen Migranten diese Freiheit ihren christlichen

---

32  Siehe hierzu auch Tezcan, Levent: Interreligiöser Dialog und politische Religionen. In: Aus Politik und Zeitgeschichte 28-29/2006, S. 29.

33  Eine Übersicht über Rechtsfragen muslimischer Religionsausübung in Deutschland bietet Rohe, Mathias: Der Islam – Alltagskonflikte und Lösungen. Rechtliche Perspektiven. 2. Aufl., Freiburg/Breisgau 2001.

34  Für diese Interpretation spricht die öffentliche Kommentierung entsprechender Urteile, die in der Regel nicht durch die großen islamischen oder auch türkischen Verbände, sondern durch Randgruppen erfolgt.

35  Siehe zu einer ausführlichen Systematik solcher Redestrategien Wodak, Ruth et al.: Zur diskursiven Konstruktion nationaler Identität. Frankfurt/Main 1998; S. 77-110.

Bevölkerungsteilen zugestehen.[36] Die Thematisierung von Verbrechen gegen Christen in muslimischen Ländern, wie etwa die Ermordung dreier Mitarbeiter eines Bibelverlages in der Türkei im April 2007, sollen diese Strategie unterstützen und legitimieren. Ebenfalls sehr häufig ist die These der „nachholenden Aufklärung" anzutreffen – also der kulturalistische Fehlschluss, der Islam könne erst zum Dialogpartner auf Augenhöhe werden, nachdem er einen Prozess der gesellschaftlichen Aufklärung nach westlichem Muster nachvollzogen hat.[37] Dies ist eine äußerst effektive Strategie, islamische Positionen in Gänze abzuwerten und Muslimen die gesellschaftliche Gleichberechtigung streitig zu machen.

Von muslimischer Seite wiederum dürfte in den letzten Jahren die Behauptung „islamophober" Einstellungen in der deutschen Gesellschaft die wichtigste Strategie einer Immunisierung gegen Kritik an (vermeintlichen) Fehlentwicklungen im Islam geworden sein. Gestützt wird dieses Argument von Teilen der deutschen Sozialwissenschaft, darunter etwa Wilhelm Heitmeyer, der in seiner Längsschnittstudie zur Entwicklung „Gruppenbezogener Menschenfeindlichkeit" ein kontinuierliches Ansteigen islamophober Einstellungen in der deutschen Bevölkerung nachzuweisen sucht.[38] Der Vorwurf der Islamophobie kann einen erheblichen

---

36 Siehe zu dieser Diskussion Riedel, Eibe H.: Religionsfreiheit und völkerrechtliche Reziprozität. In: Schwartländer, Johannes (Hg.): Freiheit der Religion. Christentum und Islam unter dem Anspruch der Menschenrechte. Mainz 1993, S. 436-438.
37 Vgl. Bielefeldt, Heiner: Muslime im säkularen Rechtsstaat. Integrationschancen durch Religionsfreiheit. Bielefeld 2003, S. 48-58.
38 Vgl. Leibold, Jürgen/Steffen Kühnel/Wilhelm Heitmeyer: Abschottung von Muslimen durch generalisierte Islamkritik? In: Aus Politik und Zeitgeschichte 1-2/2006, S. 3-10. Allerdings provoziert der hier verwendete Ansatz Nachfragen zur Validität des Untersuchungsinstrumentariums – also ob das, was die Autoren messen, tatsächlich als Islamphobie im Sinne einer unangemessenen und generalisierenden Islamangst zu verstehen ist. Daten zum interpersonellen Kontakt aus derselben Studie sowie auch aus anderen Untersuchungen lassen an einer solchen Interpretation Zweifel aufkommen; vgl. auch Halm, Dirk/Marina Liakova/Zeliha Yetik: Zur Wahrnehmung des Islams und der Muslime in der deutschen Öffentlichkeit 2000-2005. In: Zeitschrift für Ausländerrecht und Ausländerpolitik (ZAR) 5-6/2006, S. 203-205.

## 2 Konzept: Der Islam als Diskursfeld

Zuwachs an Diskursmacht bedeuten, da er die Islamkritik als irrational und pathologisch und damit nicht ernst zu nehmen qualifiziert.[39]

Überspitzt formuliert der Theologe Ludwig Hagemann das Ergebnis des Einsatzes solcher Redestrategien im Islamdiskurs:

> Vom Dialog kann keine Rede sein, vielmehr sind es Monologe der jeweils anderen Seite gegenüber.[40]

Damit ist der Gegenstand der vorliegenden Analyse genauer bestimmt. Es gilt also – in Spezifizierung der eingangs formulierten Fragestellung – die Durchsetzung unterschiedlicher Islambilder durch unterschiedlich mächtige Diskursakteure zu untersuchen.

---

39   Siehe zu dieser Argumentation auch Benn, Piers: On Islamophobia-phobia. In: New Humanist, Summer 2002.
40   dpa-Bericht von Claudia Utermann in den Westfälischen Nachrichten vom 06.01.2007.

# 3 Forschungsstand

## 3.1 Der deutsche Islamdiskurs seit 2001

Es gilt hier zunächst darzustellen, welche Befunde die Forschung zum Verlauf des Islamdiskurses in Deutschland in den letzten Jahren ergeben hat.

Die Forschung zur gesellschaftlichen Integration des Islams in Deutschland war in den letzten Jahren in Deutschland extensiv. Die Darstellung auch nur des sehr umfangreichen jüngeren Forschungsstandes zu diesem Thema ist hier nicht das Ziel, vielmehr beschränkt sich die Darstellung auf diejenigen Studien, die, quasi auf der „Metaebene", die gesellschaftliche Auseinandersetzung um die Integration des Islams behandeln, nicht den eigentlichen Integrationsstand. Mit Blick auf nur diese Frage wird der Forschungsstand übersichtlich.

Davon abgesehen gibt es einige neuere Erkenntnisse darüber, wie sich die Muslime in Deutschland organisieren. Da diese Frage einen wichtigen Aspekt der Möglichkeit der Muslime berührt, am Diskurs zu partizipieren, werden die entsprechenden Studien im nächsten Kapitel kurz dargestellt.

Im Kontext des Bemühens um den Ausbau von Partizipationschancen muslimischer Minderheiten konstatiert Werner Schiffauer ein wiederkehrendes Verhaltensmuster einiger Akteure der Aufnahmegesellschaft, indem diese die Teilhabe der Muslime nicht als politische Selbstverständlichkeit, sondern als „strategische Maßnahme zur Einbindung problematischer Gruppen"[41] verfolgen. Es geht bei der Integration

---

41 Schiffauer, Werner: Ausbau von Partizipationschancen islamischer Minderheiten als Weg zur Überwindung des islamischen Fundamentalismus? In: Bielefeldt, Heiner/ Wilhelm Heitmeyer (Hg.): Politisierte Religion. Ursachen und Erscheinungsformen des modernen Fundamentalismus. Frankfurt/Main 1998, S. 418. Er verweist auf den empirischen Beleg dieser Deutung durch Hocker, Reinhard: Islamistische Einflüsse in den Ausländerbeiräten des Bundeslandes Nordrhein-Westfalen. In: Bielefeldt, Heiner/

des Islams also nicht zuletzt um seine „Domestizierung" – um die Hoffnung, Partizipation an Ressourcen und Prozessen der pluralen Gesellschaft werde auch das Verhältnis der Muslime zur Religion und die von ihnen vertretenen Positionen verändern. Von der konkreten Ausgestaltung dieser Strategie hängt es ab, welchen Gruppen man Partizipation gewähren will oder auch wer überhaupt als Dialogpartner Akzeptanz findet.

Angesichts der wachsenden Wahrnehmung einer Bedrohung durch Islamismus, insbesondere in Form von Terrorismus, ist der Legitimationsdruck auf die muslimischen Akteure des Dialogs weiter gewachsen. Dies hat nicht nur Folgen für die Interaktion mit der Aufnahmegesellschaft, sondern wirkt auch innerhalb der muslimischen Community, indem durch den Grad der vollzogenen (evtl. auch ungefragten) Distanzierung von islamistischen (oder von der Aufnahmegesellschaft als islamistisch wahrgenommenen) Positionen Anerkennung seitens der Aufnahmegesellschaft und damit auch Diskursmacht gewonnen wird – die Aleviten sind ein anschauliches Beispiel für diese Entwicklung, indem sie verstärkt als die liberalen, aufgeklärten, modernen Muslime wahrgenommen werden.[42] Zugleich ist aber auch eine breite „diskursive Assimilation" jenseits des Terrorismusdiskurses nachweisbar,[43] da aufnahmegesellschaftliche Themen in die eigenen Positionen inkorporiert werden, die dann als „Andockstationen" im Diskurs dienen können (etwa durch die Betonung des Zusammenhangs von Islam und Menschenrechten, Umweltschutz usw.). Übrigens erzwingt die deutsche Aufnahmegesellschaft nicht nur inhaltli-

---

Wilhelm Heitmeyer (Hg.): Politisierte Religion. Ursachen und Erscheinungsformen des modernen Fundamentalismus. Frankfurt/Main 1998, S. 395-417. Siehe zu den Organisationen von Zuwanderern grundsätzlich: Thränhardt, Dietrich: Selbsthilfe, Netzwerke und soziales Kapital in der pluralistischen Gesellschaft. In: ders./Karin Weiss: SelbstHilfe. Wie Migranten Netzwerke knüpfen und soziales Kapital schaffen. Freiburg 2005, S. 8-44.

42  Vgl. Halm, Dirk/Marina Liakova/Zeliha Yetik: Zur Wahrnehmung des Islams und der Muslime in der deutschen Öffentlichkeit 2000-2005. In: Zeitschrift für Ausländerrecht und Ausländerpolitik (ZAR) 5-6/2006, S. 205-206.

43  Schiffauer, Werner: Muslimische Organisationen und ihr Anspruch auf Repräsentativität: Dogmatisch bedingte Konkurrenz und Streit um Institutionalisierung. In: Escudier, Alexandre (Hg.): Der Islam in Europa. Der Umgang mit dem Islam in Deutschland und Frankreich. Göttingen 2003, S. 156.

che, sondern auch formale Assimilationsprozesse. Dieser Druck äußert sich zuvorderst in der Notwendigkeit der Organisation muslimischer Gemeinden nach deutschem Vereinsrecht, wodurch die Umsetzung demokratischer Entscheidungsstrukturen in den Gemeinden veranlasst wird.[44]

Schon eingangs wurde darauf hingewiesen, dass sich der politische Islam- und Integrationsdiskurs in Deutschland immer mehr zu überlappen scheinen. Die bisherige Forschung zum Islamdiskurs in Deutschland belegt, dass tatsächlich in wachsenden Umfang Integrationsfragestellungen vor dem Hintergrund des religiösen Bekenntnisses verhandelt werden.[45] Und wie eingangs ebenfalls bereits angesprochen, dürften mindestens zwei Entwicklungen für die Verschränkung von Integrations- und Islamdiskurs verantwortlich sein, wovon nur eine unmittelbar durch die Aufnahmegesellschaft motiviert ist, nämlich die Verbindung der Themen Sicherheit, Islam und Integration. Zugleich gibt es aber zweitens Tendenzen wachsender kultureller Differenz der Muslime zur Aufnahmegesellschaft, die nicht allein in einer wachsenden Ablehnung des Islams, sondern in ganz anderen, ökonomischen Exklusionsmechanismen begründet sein könnten. Nach Durchsicht aktueller Befunde der empirischen Sozialforschung zum Zusammenleben von Muslimen und Aufnahmegesellschaft kommen Jürgen Leibold und Kollegen zu dem Schluss:

> Migrantinnen und Migranten werden von sich abzeichnenden gesellschaftlichen Verarmungsprozessen vermutlich stärker betroffen sein, weil sie in Relation zu den Deutschen hinsichtlich ihrer strukturellen Integration weiterhin deutliche Defizite aufweisen. Folge könnte zunehmende Desintegration sein. Dies ist insofern von besonderer Brisanz, als dann ihr eigenes „kulturelles Kapital", insbesondere auch die Religion, immer mehr an Bedeutung

---

44 Aries, Wolf D. Ahmed: Konfliktlinien westlicher und islamischer Kulturvorstellungen. In: Heitmeyer, Wilhelm/Rainer Dollase (Hg.): Die bedrängte Toleranz. Ethnisch-kulturelle Konflikte, religiöse Differenzen und die Gefahren politisierter Gewalt. Frankfurt/Main 1996, S. 354.

45 Vgl. Halm, Dirk/Marina Liakova/Zeliha Yetik: Zur Wahrnehmung des Islams und der Muslime in der deutschen Öffentlichkeit 2000-2005. In: Zeitschrift für Ausländerrecht und Ausländerpolitik 5-6/2006, S. 199-206. Hier wird zumindest nachgewiesen, dass sowohl im politischen wie im medialen Diskurs die Verknüpfungen der Themen Islam und Integration sich vervielfacht haben.

gewänne, ist es doch das „letzte" Kapital, über das die betroffenen Migranten autonom verfügen können. Gerade dann aber wirken Abwertungen umso verletzender und lassen „Schutzaktivitäten" wahrscheinlicher werden: Rückzüge und Abschottungen gehören dazu.[46]

Für die Perspektive des Dialogs mit dem Islam muss diese Entwicklung aber eher skeptisch stimmen. Sollte die Hegemonie der religiösen Komponente in der Kommunikation weiter zunehmen, so könnte sich dieser Dialog zukünftig konfrontativer gestalten als bisher, da fundamental unterschiedliche Wertvorstellungen und Einstellungsmuster zur Diskussion stehen können, die sich zugleich auf beiden Seiten als sehr veränderungsresistent erweisen.[47] Und tatsächlich: Schon der Titel der aktuellen Handreichung der EKD zum christlich-islamischen Dialog – „Klarheit und gute Nachbarschaft" – impliziert Distanz. Auf muslimischer Seite ist der Text entsprechend auf breite Ablehnung gestoßen, bis hin zu einer zeitweisen Aussetzung des Dialogs durch DITIB, Zentralrat der Muslime und VIKZ mit der EKD, indem ein für Februar 2007 geplantes Treffen abgesagt wurde.[48] In der bereits zitierten Regensburger Papstrede klingt die Aufforderung an, den Prozess der Aufklärung quasi nachzuholen. Eine Forderung, die nicht neu ist, wohl aber bisher weniger von christlicher Seite vorgebracht wurde. Johannes Reissner beschreibt solche Forde-

---

46   Leibold, Jürgen/Steffen Kühnel/Wilhelm Heitmeyer: Abschottung von Muslimen durch generalisierte Islamkritik? In: Aus Politik und Zeitgeschichte 1-2/2006, S. 10. Illustrieren ließe sich diese Entwicklung mit dem Kopftuchtragen von in Deutschland sozialisierten jungen Frauen, das bei ihnen mehr als Absage an eine Assimilierung an die deutsche Gesellschaft zu verstehen ist (und im Umkehrschluss die Einforderung von Chancengleichheit bestehender kultureller Differenz symbolisiert) denn als religiöse Pflichterfüllung; vgl. Karakasoglu, Yasemin: „Kopftuch-Studentinnen" türkischer Herkunft an deutschen Universitäten. Impliziter Islamismusvorwurf und Diskriminierungserfahrungen. In: Bielefeldt, Heiner/Wilhelm Heitmeyer (Hg.): Politisierte Religion. Ursachen und Erscheinungsformen des modernen Fundamentalismus. Frankfurt/Main 1998, S. 456.
47   Vgl. Scarabis, Martin/Arnd Florack: Werte und Vorurteile im interkulturellen und interreligiösen Dialog aus Sicht der Sozialpsychologie. In: Schmidt-Behlau, Beate/Antje Schwarze: Im Dialog zum Miteinander. Ein Leitfaden für die Begegnung mit Muslimen in der Erwachsenenbildung. Bonn 2005, S. 62-64.
48   2005 und 2006 hatten bereits entsprechende Treffen stattgefunden.

rungen als „von einem Denken bestimmt, das die eigene Geschichte idealisiert und letztlich kulturelle Modernisierung als maßgeblichen Bestimmungsfaktor gesellschaftlicher Modernisierungsprozesse ansieht."[49] Übersehen würden dabei die gesellschaftlichen Bestimmungsfaktoren, unter denen sich kultureller Wandel vollzieht. Reissner diagnostiziert eine „Kulturalisierung des Politischen"[50], die, so könnte man hinzufügen, in den letzten Jahren nicht zuletzt durch den interreligiösen Dialog katalysiert wird. Kultur und Religion können dann auch dazu dienen, politische Standpunkte zu legitimieren. Reissner fasst zusammen:

> Versuche […], sich über Kulturdefinitionen näher kommen und zu politischen Lösungen gelangen zu wollen, führen nicht weiter und dienen schlimmstenfalls nur der kulturellen Sakralisierung von Interessen.[51]

Thomas Mittmann zeichnet den Islamdiskurs der christlichen Kirchen in Deutschland nach 1945 anhand von Verlautbarungen und Dokumenten nach und betont ebenfalls den engen Zusammenhang von Religion, Integration und Ressourcenkonkurrenz. Seine Arbeit bringt ihn zu den folgenden Schlussfolgerungen:

> Die Selbst- und Fremdzuschreibungen der bundesdeutschen Kirchen sind von besonderem Interesse, da diese bis heute erheblich zum bleibenden Erfolg bei der Exklusion des Islam aus einem christlich reklamierten Europa beitragen. Dieser Erfolg scheint in erster Linie in der Tatsache zu liegen, dass die christlichen Kirchen die Steuerungsmechanismen über das religiöse Feld

---

49  Reissner, Johannes: Vom Umgang mit Islam und Muslimen. Studie der Stiftung Wissenschaft und Politik, Berlin 2002, S. 8.
50  Reissner, Johannes: Vom Umgang mit Islam und Muslimen. Studie der Stiftung Wissenschaft und Politik, Berlin 2002, S. 25; wobei darauf hinzuweisen ist, dass Reissner sich primär auf den grenzüberschreitenden Dialog zwischen Islam und Westen bezieht. Die Grenzen sind aber hier fließend, da der innergesellschaftliche Diskurs mit Muslimen auf absehbare Zeit auch immer durch deren Verbindungen in die islamischen Staaten beeinflusst sein wird; vgl. Waardenburg, Jacques: Islam in Europe. Some Muslim Initiatives and European Responses. In: IMIS-Beiträge 14 (2000), S. 113.
51  Reissner, Johannes: Vom Umgang mit Islam und Muslimen. Studie der Stiftung Wissenschaft und Politik, Berlin 2002, S. 26.

bisher erfolgreich behaupten konnten. Das betrifft in erster Linie die Definitionshoheit darüber, wie eine Religion für die „moderne" europäische Gesellschaft beschaffen sein muss, um inklusionsfähig zu sein. Da diese Definition weniger an der Frage der „Wahrheit" als an der der gesellschaftlichen „Funktionsfähigkeit" und „Kompatibilität" von Religion und damit stets an der institutionellen Praxis der Großkirchen orientiert ist, sichern diese sich gleichzeitig die öffentlichen Kompetenzen bei der Beantwortung der Frage, wie eine notwendige Umgestaltung des Islam im Sinne einer „Modernisierung" auszusehen hat und anzugehen ist.

[...] Die Exklusion des Islam blieb allerdings auch deshalb erfolgreich, weil es den Kirchen gelungen ist, die „fremde Religion" über diskursive und semantische Strategien als das entscheidende Integrationshindernis der muslimischen Migrantenpopulation in der Bundesrepublik und in Westeuropa zu identifizieren. Muslime waren und sind im kirchlichen Diskurs vor die Alternative gestellt zwischen einem Festhalten an ihrem überlieferten religiösen Bekenntnis mit der Folge einer „Ghettobildung" in der modernen Gesellschaft und einer „Modernisierung" des Islam nach christlichen Vorgaben. Die Inklusion des Islam in das religiöse Feld der Bundesrepublik und Europas war und ist aus dieser Perspektive nur realisierbar über eine kirchlich gesteuerte und kontrollierte „Domestizierung" der „fremden Religion", die, so wird zu zeigen sein, mit den Stichworten „Vermessung", „Kontrolle", und „Anpassung" an christliche Vorbilder beschrieben werden kann.[52]

Levent Tezcan gibt auf der Grundlage von Interviews mit Akteuren des christlich-islamischen Dialogs erste Hinweise darauf, dass sich die hier angesprochenen Probleme tatsächlich in der Dialogpraxis zeigen. Die christlichen Kirchen sichern ihre Position im Diskurs durch ihre Rolle als (vermeintliche) Integrationsvermittler, die muslimischen Organisationen – zumindest bisher – durch ihre (vermeintliche) Vertretungskompetenz. Je grundsätzlicher die Werthaltungen, die im Dialog berührt werden, desto stärker die gegenseitige Abgrenzung. Vor dem Hintergrund der

---

52 Mittmann, Thomas: Säkulare Kirche und „eingewanderte Religion". Transformationen des kirchlichen Islam-Diskurses in der Bundesrepublik. Unveröffentlichte Manuskript 2007, S. 1-2. Der Text ist Teil einer Untersuchung über die Semantik kirchlicher Selbstbeschreibungen, die der Verfasser im Rahmen des von der Deutschen Forschungsgemeinschaft geförderten Projektes „Transformation der Religion in der Moderne" (DFG-Forschergruppe 621) an der Ruhr-Universität Bochum bearbeitet.

## 3.1 Der deutsche Islamdiskurs seit 2001

Integrationsdebatte erhält der christlich-islamische Dialog größere gesellschaftliche Bedeutung, wird dieser aber im Ergebnis nicht gerecht, auch weil dichotomisierte Denkschemata und Strukturen im Dialog eher selten aufgebrochen werden.[53] Gritt Klinkhammer und Ayla Satimilis stellen auf der Grundlage einer empirischen Analyse von Dialoginitiativen eine deutliche Diskrepanz der Erwartungshaltungen der Akteure und der Dialogrealität fest.[54]

Möglicherweise ist es notwendig, zwischen dem Dialog, den die katholische Kirche einerseits und die evangelische Kirche andererseits mit den Muslimen führen, zu differenzieren. Auffällig ist, dass sich muslimische Kritik vornehmlich auf die EKD bezieht, nur selten auf die katholische Kirche[55] – ein Befund, der allerdings vor der Regensburger Vorlesung Papst Benedikts XVI. formuliert wurde.

Andere Studien geben Hinweise auf inhaltliche Missverständnisse und Differenzen im Dialog mit dem Islam. So sei beispielsweise der Dialog mit den Muslimen – nicht nur seitens der Kirchen – oftmals durch ein abweichendes Verständnis von Säkularität gekennzeichnet – hier erfolge auf muslimischer Seite oft die Gleichsetzung von säkularer Staatsverfassung und gesellschaftlichem Atheismus[56] – eine Beobachtung, der die im

---

53  Tezcan, Levent: Interreligiöser Dialog und politische Religionen. In: Aus Politik und Zeitgeschichte 28-29/2006, S. 32; siehe auch Satilmis, Ayla: Kriterien und Standards der interkulturellen und interreligiösen Kommunikation. Evaluationsergebnisse. Vortrag auf der Fachtagung der Universität Bremen am 26.-27. Januar 2007. Die Vorstellung, ausgerechnet der Diskurs über Religion könnte zum Verständigungsvorreiter zwischen Angehörigen unterschiedlicher Kulturen werden, erscheint angesichts zahlreicher Gegenbeispiele durchaus gewagt. Nur Exemplarisch sei darauf verwiesen, dass eine Woche nach der Reise Papst Benedikts in die Türkei im Dezember 2006, die allgemein als (Wieder-)Annäherung von Christen und Muslimen gewertet wurde, der Kölner Kardinal Meisner in einem Brief an die Schulen seines Bistums ein vatikanisches Verbot interreligiöser Gebetshandlungen unterstrich.

54  Vgl. Satilmis, Ayla: Kriterien und Standards der interkulturellen und interreligiösen Kommunikation. Evaluationsergebnisse. Vortrag auf der Fachtagung der Universität Bremen am 26.-27. Januar 2007.

55  Hünseler, Peter: Neuere Akzente der Deutschen Bischofskonferenz im Dialog mit dem Islam. In: CIBEDO-Beiträge 1/2006, S. 4-8, hier S. 7.

56  Lemmen, Thomas/Melanie Miehl: Miteinander leben. Christen und Muslime im Gespräch. Gütersloh 2001, S. 111.

ersten Kapitel erwähnten, "offiziellen" Verlautbarungen von Verbänden und Initiativen der Muslime in Deutschland aus jüngerer Zeit allerdings entgegenstehen, die sich eben um die Auflösung dieses Widerspruchs bemühen. Zugleich hat aber auch die Aufnahmegesellschaft eine verzerrte Wahrnehmung von Säkularität: indem politische Betätigung oder auch nur gesellschaftliches Engagement der Muslime schnell mit Islamismus gleichgesetzt wird.[57]

Spürbare Macht-Asymmetrien im Dialog ergeben sich auch durch die unterschiedlichen Voraussetzungen der Dialogpartner mit Blick auf die organisatorische Verfasstheit und die jeweilige Qualität der theologischen Ausbildung – oft stehen christlichen "Profis" muslimische Laien gegenüber,[58] über die dann auf der Seite der christlichen Kirchen zudem noch Unsicherheit besteht, wen sie eigentlich repräsentieren.[59] Entwicklungsdefizite des Islams in der Migration ergeben sich insbesondere aus einer fehlenden muslimischen Mittelschicht in den primär durch die Gastarbeitermigration geprägten Aufnahmegesellschaften. Entsprechend gilt dieser Umstand für Deutschland nochmals in besonderer Weise im Vergleich zu anderen europäischen Aufnahmeländern, die, in Folge ihrer kolonialen Vergangenheit, seit längerer Zeit muslimische Communities integriert haben, welche sich zudem durch eine stärkere soziale Mischung auszeichnen.[60]

---

57  Vgl. Bielefeldt, Heiner: Muslime im säkularen Rechtsstaat. Integrationschancen durch Religionsfreiheit. Bielefeld 2003, S. 41.
58  Vgl. Satilmis, Ayla: Kriterien und Standards der interkulturellen und interreligiösen Kommunikation. Evaluationsergebnisse. Vortrag auf der Fachtagung der Universität Bremen am 26.-27. Januar 2007.
59  Hünseler, Peter: Neuere Akzente der Deutschen Bischofskonferenz im Dialog mit dem Islam. In: CIBEDO-Beiträge 1/2006, S. 4-8, hier S. 6.
60  Tiesler, Nina Clara: Europäisierung des Islam und Islamisierung der Debatten. In: Aus Politik und Zeitgeschichte 26/27 2007, S. 27.

## 3.2 Vertretung der Muslime durch die Verbände

Für die Konstitution des Islamdiskurses ist auch von Bedeutung, wie die Muslime selbst sich (und ihre Interessen) organisieren und damit potentielle Diskursmacht erlangen. Aus diesem Grund gilt es, den Forschungstand zur Organisation der deutschen Muslime in Vereinen und Verbänden zu skizzieren.

Für die Gesamtheit der Muslime in Deutschland gibt es bisher keinen Überblick über ihre Organisation in den islamischen Verbänden und verbandsunabhängigen Gemeinden.[61] Bei quantifizierenden Studien zu diesem Thema stellt sich regelmäßig die Frage der Validität des Erhebungsinstrumentariums, da eine formale Mitgliedschaft in den Organisationen weniger islamischer Tradition entspricht. Es stellt sich also das Problem, wie die Bindung an die Organisationen exakt zu messen ist, und je nach Schwerpunkt der Fragestellung (persönliche Mitgliedschaft, Mitgliedschaft von Familienangehörigen, Inanspruchnahme von Angeboten etc.) können sich sehr unterschiedliche Bevölkerungsanteile ergeben, die in den islamischen Gemeinden organisiert sind.

Für die größte Gruppe unter den 3,5 Millionen in Deutschland lebenden Muslimen – die 2,7 Millionen Türkeistämmigen – hat Martina Sauer im Jahr 2005 Daten zur organisatorischen Anbindung an die islamischen Gemeinden in Deutschland erhoben, unter dem Vorbehalt des oben angesprochenen Validitätsproblems. Unter anderem hat sie, unabhängig vom Grad der subjektiven Religiosität und einer formalen Mitgliedschaft in einem Verein, danach gefragt, welcher Dachverband am ehesten die eigenen Einstellungen repräsentiert. 24,2% sehen sich durch keinen der Verbände repräsentiert. Der Verband mit den mit Abstand häufigsten Nennungen ist DITIB[62] – 51,5% der Befragten sehen ihre Ein-

---

61    Zur Entwicklung des islamischen Verbandswesens in Deutschland siehe Schiffauer, Werner: Muslimische Organisationen und ihr Anspruch auf Repräsentativität: Dogmatisch bedingte Konkurrenz und Streit um Institutionalisierung. In: Escudier, Alexandre (Hg.): Der Islam in Europa. Der Umgang mit dem Islam in Deutschland und Frankreich. Göttingen 2003, S. 143-154.

62    DITIB wurde auf Initiative des türkischen Präsidiums für Religionsangelegenheiten gegründet mit dem Ziel, in Deutschland für die Migranten aus der Türkei einen laizis-

stellungen und Interessen hier am ehesten vertreten. Alle anderen Verbände vertreten lediglich je 3% oder weniger der türkeistämmigen Muslime in Deutschland (IGMG[63] mit 3,0%, Föderation der Aleviten-Gemeinden[64] 2,3%, Jama at un-Nur[65] 1,5%, Cem-Stiftung[66] 1,3%, VIKZ[67] 1,0%) ATIB[68] 0,8%, ADÜTDF[69] 0,7%). Von anderen Organisationen fühlen sich 1,4% der Befragten vertreten.[70]

---

tisch geprägten Islam zu etablieren. Der Verband unterhält nach eigenen Angaben um die 800 Gemeinden in Deutschland.

63 Die IGMG – islamische Gemeinschaft Milli Görüs organisiert nach eigenen Angaben um die 300 Gemeinden in Deutschland, europaweit um die 600. In den achtziger Jahren unterhielt die IGMG intensive Verbindungen zur islamistischen türkischen Wohlfahrtspartei. Zur jetzigen türkischen Regierungspartei AKP hat Milli Görüs ebenfalls intensive Verbindungen. Die IGMG steht unter Beobachtung des Verfassungsschutzes.

64 Der Föderation der Aleviten-Gemeinden in Deutschland gehören um die 100 Vereine an. Ihre Hauptziele sind die Etablierung des Alevitentums als eigenständige Richtung neben dem sunnitische Islam und die Förderung der Rückbesinnung auf die alevitische Religion unter Jugendlichen.

65 Die Islamische Gemeinschaft Jama at un-Nur ist eine interkulturell geprägte, sektenähnliche Bewegung. Sie versteht sich als religiöse Reformbewegung, die Moderne und Islam miteinander verbinden will.

66 Weiterer Verband alevitischer Gemeinden.

67 Der Verband der Islamischen Kulturzentren organisiert ungefähr 300 Gemeinden. Er vertritt einen orthodoxen sunnitischen Islam, allerdings mit starker Orientierung auf Deutschland. Der VIKZ war der erste Verband, der sich – schon in den sechziger Jahren – für die Schaffung einer gemeinsamen Bewegung auf Bundesebene einsetzte. Er stellte schon 1979 den Antrag auf Anerkennung des Islams als Körperschaft des öffentlichen Rechts.

68 Die ATIB hat sich von der ADÜTDF abgespalten und legt ihr Schwergewicht eher auf eine Synthese zwischen türkischem Nationalismus und Islam, wobei dem Islam mehr Raum beigemessen wird als bei der ADÜTDF. Er organisiert rund 100 Gemeinden.

69 Die sogenannten „Grauen Wölfe".

70 Sauer, Martina/Faruk Sen: Religiöse Praxis und organisatorische Vertretung der türkeistämmigen Muslime in Deutschland. In: Zeitschrift für Türkeistudien 1-2/2005, S. 113-114. Datengrundlage ist die Befragung von 1.000 erwachsenen Türkeistämmigen in Deutschland.

## 3.2 Vertretung der Muslime durch die Verbände

Tabelle: Vertretung der eigenen Einstellung durch Dachverbände im Vergleich 2005 und 2000 (Prozentwerte) bei erwachsenen Türkeistämmigen in Deutschland[71]

| Verband | Vertretung der Einstellungen | | |
|---|---|---|---|
| | 2005 | 2000 | Differenz |
| DITIB | 51,5 | 57,9 | -6,4 |
| IGMG | 3,0 | 6,0 | -3,0 |
| AABF | 2,3 | 2,7 | -0,4 |
| Jama at un-Nur | 1,5 | - | +1,5 |
| CEM-Stiftung | 1,3 | 2,4 | -1,1 |
| VIKZ | 1,0 | 2,1 | -1,1 |
| ATIB | 0,8 | 1,2 | -0,4 |
| ADÜTDF | 0,7 | 1,1 | -0,4 |
| Anderer | 1,4 | 1,9 | -0,5 |
| Keiner | 24,2 | 16,6 | +7,6 |

Diese Verteilung unterstreicht die Problematik der Vertretung der Muslime in Deutschland, insbesondere mit Blick auf die Reichweite der beiden Dachverbände Islamrat (IGMG und weitere kleine Verbände und Einzelorganisationen) und Zentralrat der Muslime in Deutschland (ATIB und 18 weitere kleine Verbände und Einzelorganisationen). Ganz auffällig stehen die öffentliche Wirkung der einzelnen Verbände und die Größe ihrer Klientel in keinerlei Verhältnis, was die Relevanz des im vorliegenden Text gewählten Analyseansatzes unterstreicht – Legitimität und Fähigkeit, ein bestimmtes Bild des Islams im Diskurs durchzusetzen, stehen in keinem offenbaren, nur sehr mittelbaren Zusammenhang.

Wie erwähnt ergibt die Auswertung nach Mitgliedschaften nochmals eine andere Verteilung und insgesamt geringere Anteile der organisierten Muslime an allen Befragten türkeistämmigen Muslimen im Vergleich

---

71 Quelle: Sauer, Martina/Faruk Sen: Religiöse Praxis und organisatorische Vertretung der türkeistämmigen Muslime in Deutschland. In: Zeitschrift für Türkeistudien 1-2/2005, S. 113.

zu der Frage nach der subjektiven Vertretung durch die Verbände, die hier oben dargestellt wurde. Die Tatsache, dass hier nur türkeistämmige Muslime befragt wurden, relativiert die dargestellten Befunde weiter.

Beachtenswert sind aber auch diejenigen Befunde des Beitrags von Martina Sauer, die sich aus einem Vergleich mit Befragungsdaten aus dem Jahr 2000 ergeben. 2005 hatte sie einige Fragen aus einer damaligen Befragung zum Islam unter Türkeistämmigen im Auftrag des Bundesministeriums des Innern erneut gestellt. Bemerkenswert ist, dass im Abstand von fünf Jahren der Grad der Vergesellschaftung stagniert – kaum mehr Muslime sind Mitglieder in Moscheevereinen oder identifizieren sich mit ihnen –, die religiöse Identität aber zugleich dramatisch an Bedeutung gewonnen hat. Die Mehrheit von 55% der türkeistämmigen Muslime definiert sich 2005 als eher religiös, ein Viertel sieht sich als sehr religiös. Eher nicht religiös definieren sich 11% und gar nicht religiös 6%. 2000 sahen sich nur 8% der Befragten als sehr religiös, zwei Drittel gaben an eher religiös zu sein, 11% eher nicht und 3% gar nicht.

Vollerhebungen zu den Moscheegemeinden in Deutschland gibt es in den letzten Jahren nur auf lokaler Ebene. Diese haben aber äußerst interessante Ergebnisse, die das Bild noch unübersichtlicher machen und zum Teil darauf hindeuten, dass wir es in Zukunft eher mit einer (weiteren) Fragmentierung des organisierten Islams in Deutschland zu tun haben werden als mit der Integration unter dem Dach der etablierten Verbände oder eines zu schaffenden Dachverbandes. So ergab eine 2006 durch den Berliner Senat veröffentlichte Bestandsaufnahme der Moscheegemeinden in Berlin, dass rund Hälfte der Berliner Gemeinden keinem der etablierten Dachverbände angehört.[72] Möglicherweise nimmt Berlin hier eine bundesweite Entwicklung vorweg. Die oben dargestellten Zahlen und das Anwachsen derjenigen, die sich von keinem der traditionellen Verbände vertreten fühlen, könnten diesen Befund zumindest vorsichtig stützen.

---

72 Vgl. Spielhaus, Riem: Organisationsstrukturen islamischer Gemeinden. In: Spielhaus, Riem/Alexa Färber (Hg.): Islamisches Gemeindeleben in Berlin. Berlin 2006, S. 12-17, hier S. 15.

Abbildung: Subjektiver Grad der Religiosität im Vergleich 2005 und 2000[73]

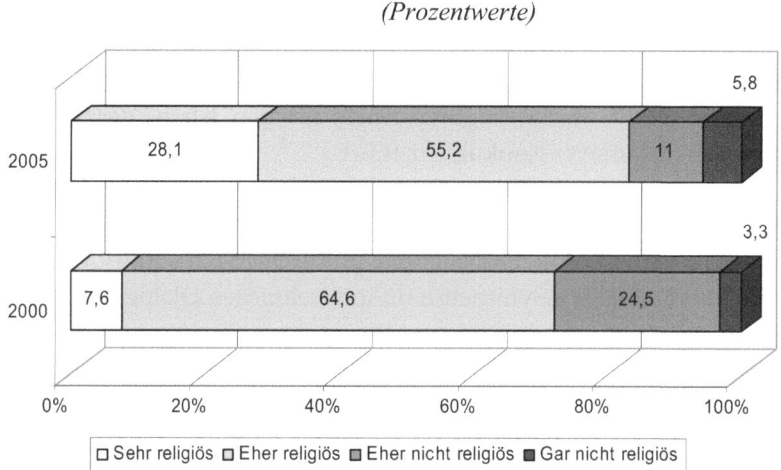

Die unklare Repräsentation der Muslime in Deutschland lässt die Erlangung von Diskursmacht für die Organisationen besonders bedeutsam werden und kann zugleich Raum für die Fremdbestimmung des Islamdiskurses durch nichtmuslimische Akteure lassen.

## 3.3 Forschungsdesiderate

Die bisherige Forschung hat diskursive Rahmenbedingungen für das politische Projekt der Integration des Islams identifiziert, darunter

- die Motivation aufnahmegesellschaftlicher Akteure zur Integration des Islams im Sinne einer „Domestizierung",

---

[73] Quelle: Sauer, Martina/Faruk Sen: Religiöse Praxis und organisatorische Vertretung der türkeistämmigen Muslime in Deutschland. In: Zeitschrift für Türkeistudien 1-2/2005, S. 113

- die wachsende Bedeutung muslimischer Identität in der entsprechenden Zuwanderercommunity, die aber nicht unbedingt auch einen Niederschlag in den muslimischen Organisationen findet,
- Mechanismen der „diskursiven Assimilation" auf der Seite der Muslime,
- ein wachsender Rechtfertigungsdruck auf den Islam, der zu verschärfter diskursiver Konkurrenz führt,
- eine Überlappung des Islam- und Integrationsdiskurses bei steigender Bedeutung des interreligiösen Dialogs, der möglicherweise von katholischer und evangelischer Seite unterschiedlich geführt wird,
- Eine durchgängige Asymmetrie im interreligiösen Dialog zugunsten der Aufnahmegesellschaftlichen Akteure,
- die Fremdbestimmung des Islamdiskurses durch aufnahmegesellschaftliche Akteure, die durch die Fragmentierung der muslimischen Community begünstigt wird.

Angesichts dieser Rahmenbedingungen stellt sich die Frage, wie die Integration des Islams in die deutsche Gesellschaft im Sinne der gleichberechtigten Teilhabe an gesellschaftliche Ressourcen und Prozessen zukünftig gelingen kann – im Rahmen der Deutschen Islamkonferenz lautet die politische Zielvorgabe wie folgt:

> Das Bundesministerium des Innern verfolgt mit der DIK das gemeinsam mit den Bundesländern zu erreichende Ziel, das Verhältnis zwischen dem deutschen Staat und den hier lebenden Muslimen auf eine tragfähige Grundlage zu stellen. Ziel der Konferenz ist eine verbesserte religions- und gesellschaftspolitische Integration der muslimischen Bevölkerung in Deutschland. Dies dient zum einen der Verhinderung von gewalttätigem Islamismus und Extremismus. Zum anderen wird der Segmentation von Muslimen in Deutschland entgegengewirkt.[74]

Dabei ist zu erwarten, dass sich im Rahmen der oben herausgearbeiteten Bedingungen einzelne Diskursstrategien ergeben, die sich je nach Akteu-

---

[74] Presseinformation des Bundesministeriums des Innern vom 26.09.2006.

### 3.3 Forschungsdesiderate

ren und Redeanlässen unterscheiden. Die oben aufgelisteten Rahmenbedingungen fungieren damit als ein Orientierungsmuster für die vorliegende Studie bzw. die ihr zugrunde liegenden Experteninterviews. Insbesondere gilt es herauszuarbeiten – neben der Differenzierung der Strategien nach Akteuren und der Identifizierung der Voraussetzungen für die Realisierung bestimmter Strategien – wie sich Diskursstrategien im Kommunikationsprozess der Akteure gegenseitig bedingen und beeinflussen. Ein Erkenntnisfortschritt in diesen Fragen wird immer zeitgebunden sein, da er einen sich wandelnden Diskurs nachvollzieht. Folglich können die unten dargestellten Studienergebnisse auch die oben genannten Rahmenbedingungen in ihrer Bedeutung relativieren oder verwerfen. Bestenfalls sollen diese Ergebnisse selbst Diskursbestandteile werden.

# 4 Vorgehensweise

## 4.1 Ablauf der Erhebung und Auswertung

Empirischer Kern der Studie sind 27 leitfadengestützte Interviews, je neun mit Akteuren aus den Bereichen Politik/Verwaltung, muslimischen Verbänden und Vereinen sowie des christlich-islamischen Dialogs (von aufnahmegesellschaftlicher Seite).

Die Vorgehensweise bei der Entwicklung des schließlich in den 27 Interviews einzusetzenden Leitfadens folgte einem induktiven Verfahren. Dies erschien unbedingt angezeigt, da der wissenschaftliche Erfahrungshintergrund hinsichtlich der Themenstellung – ungeachtet des oben skizzierten Forschungstandes, der eben Diskurse und Akteure entweder ausschnitthaft oder aber unspezifisch in den Blick nimmt – sehr begrenzt ist und damit bei einem deduktivem Studiendesign die Neigung bestanden hätte, ein methodische Instrumentarium zu entwickeln, das die Spezifik des Islambildes der befragten Akteure nicht erfasst. Vor dem Hintergrund dieser Überlegung ging dem Leitfadendesign die Durchführung, Dokumentation und Auswertung von drei Fokusgruppen – mit Vertretern aus Politik und Verwaltung, muslimischen Organisationen und Akteuren des interreligiösen Dialogs – voraus.

Für die Fokusgruppen wurde auf der Grundlage des oben beschriebenen Forschungsstandes ein grober Themen- und Fragenkatalog erarbeitet, der die Basis für die weitere Entwicklung des Leitfadens bildete. An den Gesprächen in den Fokusgruppen nahmen jeweils zwei Personen des jeweiligen Adressatenkreises sowie der Autor teil. Die Gespräche wurden in Stichworten protokolliert. Anders als bei den späteren Interviews wurde auf eine exakte Dokumentation verzichtet, da es zunächst nur im die Exploration von Themen ging, die eine detaillierte Abbildung des Gesprächsverlaufs entbehrlich machte.[75] Die Ergebnisse der Fokusgruppen wurden den Kategorien aus dem Themen- und Fragekatalog zugeordnet, die ggf. um weitere Kategorien ergänzt wurden. Teilweise ergaben sich in einer Fokusgruppe auch Hinweise für die Gestaltung des Fragebogens für eine andere der drei Akteursgruppen. Innerhalb der Kategorien wurden die einzelnen Aussagen zu Unterfragen ausdifferenziert und in einigen Fällen umgruppiert. Die Durchführung der Fokusgruppen gewährleistete keine induktive Vorgehensweise im engsten Sinn, nähert sich aber diesem Ideal insofern an, als der Einfluss des Vorwissens der Forscher minimiert wurde. Dennoch wurde dieses Vorwissen und die grundsätzliche Fragestellung sowie grundsätzliche Hypothesen, die sich aus dem Forschungsstand zum Islambild in Deutschland ableiten, als Input in die Fokusgruppen gegeben. Unter Rückgriff auf den oben dargestellten Forschungsstand wurden grobe Gesprächskonzepte für die drei Fokusgruppen entworfen, die jeweils spezifische Fragestellungen an die unterschiedlichen Akteurgruppen Politik, christlich-islamischer Dialog und muslimische Community berücksichtigten. Die Gespräche dienten der gemeinsamen Reflektion über den in den späteren Interviews zu verwendenden Leitfaden. Entsprechend ergaben sich durch die Fokusgruppen Differenzierungen, Ergänzungen und teilweise auch inhaltliche Revisionen der Grobkonzepte. Am Ende stand der jeweilige Interviewleitfaden als Ergebnis von Forschungsstand und der Diskussion in den Fokusgruppen.

Die so entstandenen drei Interviewleitfäden wurden im Rahmen dreier Pretests erprobt. Geprüft wurden in diesen Tests die Verständlichkeit der Fragestellungen, die ausreichende Differenzierungsfähigkeit, die Logik der Fragenabfolge, Redundanzen und die Angemessenheit des Umfangs des Leitfadens. In allen Fragebögen wurde in der Folge der Pretests die Fragenabfolge modifiziert sowie Fragen zusammengefasst, da sich gezeigt hatte, dass eine zu strikte Untergliederung einiger Punkte

---

[75] Vgl. hierzu Lamnek, Siegfried: Gruppendiskussion. Theorie und Praxis. Weinheim 1998.

den Gesprächfluss unnötig hemmte. Die späteren Interviews dauerten jeweils zwischen einer und zwei Stunden.

Die Leitfäden waren so gestaltet, dass nicht die Einstellungen der jeweils Befragten erhoben werden sollten, sondern vielmehr ihre Einschätzung als Experten über die Einstellungen der Akteure im jeweiligen Bereich.

Die Auswertung der Interviews erfolgte themenzentriert. In der späteren Analyse galt es dann, typische Diskursstrategien in den drei Gruppen zu identifizieren. Hiezu wurden die Aussagen der drei Befragtengruppen transkribiert, durchgesehen und für jeden Fragenbereich unterschiedliche Antworttypen gebildet. Die Darstellung der Ergebnisse konzentriert sich in weiten Teilen auf die konsensualen Aussagen. Uneinheitliche oder widersprüchliche Experteneinschätzungen wurden bei für die Themenstellung besonders bedeutenden Fragen berücksichtigt und die unterschiedlichen Positionen nebeneinander gestellt.

## 4.2 Ergebnis der Fokusgruppen

### 4.2.1 *Christlich-islamischer Dialog*[76]

Das aus dem Forschungsstand abgeleitete Grobkonzept der Fokusgruppenbefragung stellte auf die quantitative Entwicklung des interreligiösen Dialogs, die Dialogthemen, Dialoghaltungen der Akteure und die organisatorischen Voraussetzungen des Dialogs ab.

Die Diskussion in der Fokusgruppe reflektierte die These der Überschneidung von Integrationsdiskurs und interreligiösem Dialog mit der Folge einer Stärkung des konfrontativen Elements eher kritisch. Es müsse auch in Betracht gezogen werden, dass das grundsätzliche Potential für selbstreflexive Gesprächshaltungen und damit die Chance auf echte Verständigung im interreligiösen Dialog in besonderer Weise gegeben sei. Dessen ungeachtet sei die Religion vor einer stereotypen Instrumentali-

---

76 Fokusgruppe durchgeführt am 13.12.2006 in Münster. Teilnehmer: Prof. Dr. Jürgen Werbick, Lamya Kaddor.

sierung nicht gefeit. Der Gegenentwurf zum Ideal des interreligiösen Dialogs könne als „taktischer Dialog" bezeichnet werden. Damit stellt sich für die vorliegende Studie die Herausforderung, Bedingungen der Instrumentalisierung stereotyper Religionsbilder einerseits und selbstreflexiven interreligiösen Austauschs andererseits zu identifizieren.

Wichtig sei die Akteursebene für die Entstehung „taktischen Dialogs", der wohl eher von der Amtskirche als in Gemeinden vor Ort gepflegt werde.

Besonders hingewiesen wurde auch auf die Bedeutung irrationaler Einflussfaktoren auf den interreligiösen Dialog, hier auf christlicher Seite eine weit verbreitete, schlichte Angst vor dem Islam. Stereotype Bilder des Anderen fänden sich damit im Diskurs nicht allein aufgrund taktischen Kalküls.

Angesprochen wurde auch die Möglichkeit eines Unterlegenheitsgefühls der Muslime als, neben ihrer organisatorischen Situation und gesellschaftspolitischen Marginalisierung, weitere Ursache für Asymmetrien im christlich-islamischen Dialog. Hier könne das weitgehende Fehlen einer spekulativen Theologie in Verbindung mit einem geringeren argumentativen Instrumentarium zu einem Positionierungsproblem im Dialog werden.

### 4.2.2 Integrationspolitik[77]

Auf der Grundlage des aus dem Forschungsstand extrahierten Grobkonzepts widmete sich die Fokusgruppendiskussion zur Integrationspolitik den Ursachen des „Einsickerns" des Themas Islam in die politische Programmatik, der Wahrnehmung der Muslime als politische Akteure durch die staatliche Stellen sowie den integrationspolitischen Strategien der Aufnahmegesellschaft gegenüber den Muslimen.

Im Gespräch zeigte sich deutlich die Notwendigkeit der Differenzierung der Islampolitik des Bundes einerseits und der Länder andererseits.

---

77  Fokusgruppe durchgeführt am 10.01.2007 in Düsseldorf. Teilnehmer: Isil Ceylan, Handan Aksünger.

## 4.2 Ergebnis der Fokusgruppen

So sei insgesamt der Eindruck zutreffend, dass sicherheitspolitische Fragen die stärkere Ausrichtung von Integrationspolitik auf die Muslime motiviert haben, dies gelte aber eher für den Bund als für die Länder, die insbesondere aufgrund der weit vor dem 11. September begonnenen Auseinandersetzung um die Einführung muslimischen Religionsunterrichts an den Schulen die gesellschaftspolitische Integration des Islams thematisieren mussten. Entsprechend stammten auch die Protagonisten der Islampolitik aus unterschiedlichen Ressorts. Auch im Bund dürfe die Rolle des Innenministeriums nicht überschätzt werden. Zwar sei hier der sicherheitspolitische Impuls wohl entscheidend für die prominente Rolle des Hauses ab 2006, zugleich sei diese aber ohne die – letztendlich durch die Diskussion um die Berliner Rütli-Hauptschule ausgelöste –, ressortübergreifende Integrationsinitiative der Bundesregierung („Nationaler Integrationsplan") nicht denkbar gewesen.

Die Fokusgruppe weist zudem auf eine besondere Form der diskursiven Assimilation hin, mit der Migrantenorganisationen Zugang zur integrationspolitischen Debatte zu erhalten versuchen: Indem nichtreligiös orientierte Organisationen zunehmend zur Integrationsperspektive des Islams äußern, wie etwa die Türkische Gemeinde Deutschlands (TGD) im Vorfeld des Islamgipfels des Bundesinnenministeriums.[78] Es ist also danach zu fragen, inwieweit die Überwölbung der Integrationsdebatte durch die Islampolitik eine Eigendynamik generiert.

Die Frage der strategischen Orientierung der Islampolitik könne zu einer Fehleinschätzung der Akteursmotivationen führen. Es sei ungewiss, inwiefern die politisch Handelnden vor dem Hintergrund einer in hohem Maße durch die öffentliche Meinung veranlassten Debatte überhaupt kohärente Strategien entwickeln.

---

78  Islam in der Bundesrepublik Deutschland. 14 religionspolitische Thesen der Türkischen Gemeinde Deutschlands. Berlin, September 2006.

### 4.2.3 Muslimische Verbände[79]

Das Gesprächskonzept dieser Fokusgruppe beinhaltete die Oberpunkte Entwicklung der organisierten Religiosität und Veränderungen des Tätigkeitsspektrums der Gemeinden, ihre Fähigkeit zum Lobbying und die Betroffenheit von Konflikten und Islamfeindlichkeit. Im Gesprächsverlauf ergaben sich eine Reihe neuer Aspekte, die im Interviewleitfaden zusätzlich zu berücksichtigen waren. So wurde darauf hingewiesen, dass die stärkere Bedeutung muslimischer Identität unter Jugendlichen nicht allein den Entwicklungen nach dem 11. September 2001 und eigener sich verfestigenden sozialen und kulturellen Randständigkeit geschuldet ist, sondern auch eine explizit politische Dimension haben könnte. Betonung muslimischer Identität in Abgrenzung zur deutschen Gesellschaft sei in den letzten Jahren angesichts eines auf internationaler Ebene wahrgenommenen interkulturellen Konflikts zwar weiter unterstützt worden, beginne aber schon mit den Brandanschlägen von Mölln und Solingen 1992/93.[80] Muslimische Identität könnte also auch ganz unmittelbares Vehikel politischen Protestes sein, und zwar ohne dass sich hiermit zwangsläufig islamistische Lesarten von Religiosität verbinden müssten.

Bei der Organisationsentwicklung können in den nächsten Jahren Regionalisierungsbemühungen der Verbände und ein Abkehr vom zentralen Organisationsprinzip an Bedeutung gewinnen. Im föderalen Staat liegen hierin Chancen für die Interessenvertretung nach Außen, gleichermaßen aber auch für die Organisation des Willenbildungsprozesses in den Verbänden selbst.

Die Gesprächpartner unterstützen im Übrigen die auch durch die Fokusgruppe zum christlich-islamischen Dialog getroffene Einschätzung, dass das Gespräch zwischen Christen und Muslimen, auch unter schwierigen Rahmenbedingungen, grundsätzlich großes Verständigungspoten-

---

79 Fokusgruppe durchgeführt am 26.01.2007 in Düsseldorf. Teilnehmer: Özdemir Akkus, Bedri Turgut.
80 Einen analogen, viel kritisierten Schluss ziehen bereits Wilhelm Heitmeyer/Joachim Schröder/Helmut Müller: Verlockender Fundamentalismus. Türkische Jugendliche in Deutschland. Frankfurt 1997.

tial bietet. Es gebe christlich-islamischen Dialog sehr unterschiedlicher Qualität, die nach dem 11. September nicht unbedingt schlechter geworden sei. Damit überschätzt die eingangs referierte Literatur eventuell die Bedeutung des Diskursfeldes christlich-islamischer Dialog für die Positionierung der einzelnen Akteure auf gegenseitige Kosten bzw. primär, wie die Literatur es sieht, der christlichen Kirchen auf Kosten der Muslime.

# 5 Ergebnisse[81]

## 5.1 Christlich-islamischer Dialog

### 5.1.1 Quantitative Entwicklung des Dialogs

Nach der Bitte einer Abschätzung der quantitativen Entwicklung des Dialogs an die Befragten, auch mit Blick auf einen eventuell gestiegenen Informationsbedarf nach dem 11. September 2001 auf christlicher Seite bzw. eine eventuell häufigere Kontaktaufnahme seitens der Muslime mit christlichen (oder jüdischen) Gemeinden, wird die Notwendigkeit deutlich, verschiedene Formen des Dialogs zu differenzieren, die sich nach Aussage der Gesprächspartner sehr unterschiedlich entwickelt haben. Allerdings ist auffällig, dass auf christlicher Seite keine gemeinsam geteilten Dialogkonzepte zu bestehen scheinen, wie etwa das katholische Vier-Ebenen Konzept eines wäre (auf dieses beziehen sich aber nicht einmal die katholischen Akteure). Im Sinne dieses Konzeptes können die Einschätzungen der Experten aber dahingehend interpretiert werden, dass weder vor noch nach dem 11. September der (strukturierte) Austausch über Theologie oder über religiöse Erfahrung in nennenswertem Umfang stattfindet. Veränderungen sind allenfalls im Dialog über das Zusammenleben zu erkennen (Ebenen „Leben" und „Handeln"), die aber als wenig nachhaltig eingeschätzt werden – das heißt auch, dass in vielen christlichen und muslimischen Gemeinden die Dialoganstrengungen inzwischen wieder geringer werden.

Inzwischen ist der christlich-islamische Dialog in der Hauptsache eine Angelegenheit von Gremien[82] oder großer internationaler Veranstal-

---

[81] Das folgende Kapitel fasst die Aussagen der Expertenbefragung im Indikativ zusammen. Sofern Kommentierungen, Interpretationen oder Gewichtungen durch den Autor vorgenommen werden, ist dies kenntlich gemacht worden.

tungen, deren Offizialität den vorbehaltlosen Austausch von Positionen verunmöglichen kann. Nur teilweise wird formuliert, dass eine schon vorhandene Kontinuität des Austauschs über Theologie langsam aber merklich Früchte trägt und gegenseitiges Verständnis und Selbstreflektion wachsen. Initiativen, für die das gilt, kann es gelingen, kurzfristig gemeinsame Positionen zu interreligiösen Krisen festzulegen, wie etwa in Duisburg-Marxloh nach der Regensburger Rede Papst Benedikts. Andererseits kann sich die im Dialog geschaffene Grundlage in Krisensituationen auch als wenig belastbar erweisen – von dieser Situation ist nicht nur der christlich-muslimische, sondern übrigens auch der jüdisch-christliche Dialog in den letzten Jahre gekennzeichnet,[83] obwohl auch Versuche zu konstatieren sind, als die Herausforderung von als antisemitisch wahrgenommenen Islamismus zu einer Annäherung von Christen und Juden zu nutzen, wie etwa ein Zitat von Kardinal Lehmann zeigt:

> Auch die Integrationsprobleme mit muslimischen Migranten in Westeuropa, von denen sich manche Jüngere aus der zweiten und dritten Einwanderergeneration islamistischem Gedankengut verschreiben und einige wenige sogar auf den Weg der Gewalt abdriften, berühren nicht nur die christliche

---

82 Der Koordinierungsrat der Vereinigungen des christlich-islamischen Dialogs in Deutschland (KCID) hat ganze 17 Mitgliedsvereinigungen (lokale Dialoginitiativen): Arbeitsgemeinschaft für christlich-islamische Begegnung in Würzburg (ACIB); Begegnungszentrum Brücke Köprü, Nürnberg; Begegnungsstube Medina e.V., Nürnberg; Bendorfer Forum für ökumenische Begegnung und interreligiösen Dialog e.V.; Christlich-Islamische Arbeitsgemeinschaft Marl; Christlich-Islamische Gesellschaft e.V.; Christlich-Islamische Gesellschaft in Gießen e.V.; Christlich-Islamische Gesellschaft Karlsruhe e.V.; Christlich-Islamische Gesellschaft Region Stuttgart e.V.; Christlich-Islamischer Verein Hochrhein e.V., Rheinfelden; Christlich-Islamisches Dialogforum, Göppingen; Die Brücke. Forum für christlich-muslimischen Dialog, Tübingen; Gesellschaft für Christlich-Islamische Begegnung und Zusammenarbeit (CIBZ) Stuttgart e.V.; inter religion(e)s – Forum für religiöse Bildung e.V., Essen; Islamisch-Christliche Arbeitsgemeinschaft in Hessen, Frankfurt am Main; Verein für christlich-islamische Begegnung Ruhr e.V., Essen; Institut für Deutsch-Türkische Integrationsstudien und interreligiöse Arbeit e.V., Mannheim.

83 Auf breite Ablehnung in der Jüdischen Gemeinde stießen der Vergleich des Kölner Kardinals Joachim Meisner von Abtreibung und Holocaust (dpa-Meldung vom 08.01.2005) sowie die Kritik katholischer Bischöfe an der Situation in Palästina im Rahmen einer Israelreise im März 2007.

Mehrheitsbevölkerung, sondern auch die hier lebenden Juden. Dem Antisemitismus in den Randzonen der traditionell ansässigen Bevölkerung hat sich längst eine antizionistisch motivierte Judenfeindlichkeit zugesellt, die an manchen Stellen ideologisch mit dem klassischen Rechtsextremismus verschmilzt. All dies macht den Ruf nach einem Dialog zwischen Islam, Christentum und Judentum [...] gut verständlich."[84]

Nebenbei bemerkt ist die subtile Unterscheidung des christlichen und islamischen Antisemitismus interessant, die Lehmann hier etabliert: Judenfeindliche Islamisten kommen *aus* der zweiten und dritten Einwanderergeneration, während Antisemitismus in den *Rand*zonen der deutschen Gesellschaft zu verorten ist.

Unter den Experten bestehen unterschiedliche Einschätzungen darüber, welche Bedeutung der interreligiöse Dialog für die Kirchen auf Leitungsebene in den letzten Jahren hat. Die Experten betonen nur zum Teil Ernüchterung und einen Rückzug vom Dialog, die andere wiederum nicht erkennen. Einer Vertiefung bestehender Aktivitäten steht die mangelnde Bereitschaft gegenüber, neue Projekte zu initiieren. Die Breite des interreligiösen Dialogs wird zukünftig davon abhängen, ob in seinem Rahmen gemeinsame Zukunftsaufgaben diskutiert und bewältigt werden können. Ein Experte dazu:

> Wenn man tut, was eint, wenn man gemeinsame Aufgaben vor sich hat, Großaufgaben der Gesellschaft, dann findet man eher zueinander als bei Lehrvergleichen, bei denen man sich stets zusammensetzt, um sich auseinander zu setzen, wo dann die Unterschiede sogar sehr leicht trennende Bedeutung bekommen.

Die Gefahr einer ungerechtfertigten Kulturalisierung des Integrationsdiskurses durch den vermehrten Bezug auf die Religion wird aber nur seitens einer Minderheit der Experten gesehen.

Ein Bedeutungsgewinn der Religion in der Integrationsdebatte kann auch darin begründet sein, dass, je ernster die Gesellschaft die Aufgabe

---

84 Karl Kardinal Lehmann: Chancen und Grenzen des Dialogs zwischen den „abrahamitischen Religionen". In: Benedikt XVI: Glaube und Vernunft. Die Regensburger Vorlesung. Freiburg/Breisgau 2006, S. 97-133, hier S. 101.

der Zuwandererintegration nimmt, die detaillierte Auseinandersetzung auch mit kultureller und religiöser Differenz bedeutender wird. Dies gilt zumal dann, wenn Migranten rückhaltlose gesellschaftliche Partizipation und Gleichbehandlung einfordern, woraus etwa eine intensive Auseinandersetzung um das Verhältnis von Religion und Rechtssystem resultieren *muss*. Ein Experte sieht den folgende Paradigmenwechsel:

> Die Zeit, wo Integration das Schlüsselthema war, ist vorbei, es geht um Partizipation. Es geht um politische Integration. Es geht um eine Neuaufteilung der politischen Macht. Und das wird nicht reibungslos gelingen, weil die, die sich gedemütigt fühlten, bisher, sobald sie Macht bekommen, nun auch diese Demütigung abarbeiten. Das heißt auch, der Gesellschaft manches heimzahlen. Und meine Frage ist, wie können wir diesen Prozess der politischen Integration intelligent begleiten?

Zugleich sind den Kirchen wichtige Felder im Bereich der Migrationspolitik weggebrochen, insbesondere angesichts deutlich sinkender Asylbewerber- und Flüchtlingszahlen seit den 1990er Jahren. Der entstandene Leerraum wird durch die Verknüpfung der Themen Integration und Islam gefüllt, befördert durch die wahrgenommenen Krisen im Zusammenleben, etwa nach dem Mord an Theo van Gogh 2004 in den Niederlanden. Ein solcher Zusammenhang wird seitens der Experten insbesondere mit Blick auf die evangelische Kirche konstatiert:

> [Es sind] natürlich in den letzten Jahren einige Gesellschaftsdiskurse über das Kopftuch im Schuldienst, über Karikaturen, über den Mord an van Gogh usw. dazugekommen. Die zeigen, dass man einige kritische Fragen und kritische Problembereiche nicht ausklammern kann, sondern dass die im Augenblick sogar die Frage der Integration sogar bestimmen. Und von daher hatte dann auch die EKD oder das Leitungsgremium des EKD gesagt, wir müssen uns zu diesen kontroversen Punkten verhalten, die in den 1990er Jahren noch nicht auf der Tagesordnung waren. Zumindest nicht in der Intensität, natürlich hat man über das Kopftuch diskutiert, aber das Urteil des Bundesverfassungsgerichts dazu ist erst natürlich eine Kreation des Jahres 2003.

## 5.1.2 Dialogthemen

Die Bedeutung des interreligiösen Dialogs für die Integrationspolitik betont etwa auch der Vorsitzende der Deutschen Bischofskonferenz Kardinal Lehmann. Die integrationspolitische statt ausschließlich theologische Konnotation des Dialogs ist also nicht nur den Erfahrungen vor Ort geschuldet, sondern wird auch durch die Amtskirche flankiert.[85] Die EKD scheint, auch nach dem Eindruck der befragten Experten, bei dieser Entwicklung eher Vorreiterin gewesen zu sein, während die katholische Kirche noch sehr lang das Primat des theologischen Elements im Dialog verfolgt hatte sowie in ihrem integrationspolitischen Engagement einen Schwerpunkt auf humanitäre Fragen der Migration legte. Die Regensburger Vorlesung Papst Benedikts XVI. scheint aber auch in der katholischen Kirche die stärkere Betonung des gesellschaftspolitischen Elements im Dialog katalysiert zu haben. Hierfür spricht beispielsweise, dass der oben zitierte Text Kardinal Karl Lehmanns, der eben diese inhaltliche Wende im Vergleich zu seinen früheren Verlautbarungen vollzieht, in direkter Reaktion auf die Regensburger Vorlesung verfasst wurde.

Die weitgehende Beschränkung des Dialogs auf Themen des Zusammenlebens bedeutet nach Einschätzung der Experten oft eine explizit gesellschaftspolitische Ausrichtung. Dabei sollen die muslimischen Dialogpartner mitunter durchaus offensiv zu einer Klärung des Verhältnisses von Islam und bestimmten als abendländisch verstandenen Werten (Demokratie, Säkularität, Menschenrechte, Gleichberechtigung der Geschlechter usw.) veranlasst werden. Eine Hegemonie der christlichen Seite bei der Themensetzung ist in diesen Fällen oft beabsichtigt und wird nicht kritisch hinterfragt, sondern vielmehr als selbstverständlich und legitim angenommen. Solche „Dialoge" (die im Verständnis einiger Experten eigentlich keine sind, da Dialog beiderseitige Offenheit und

---

85  Karl Kardinal Lehmann: Chancen und Grenzen des Dialogs zwischen den „abrahamitischen Religionen". In: Benedikt XVI: Glaube und Vernunft. Die Regensburger Vorlesung. Freiburg/Breisgau 2006, S. 97-133, hier S. 101.

Veränderungsbereitschaft voraussetze[86]) haben sich im Zuge grassierender Angst vor islamistisch motiviertem Terrorismus und aufgrund einer wachsenden Angst auch vor dem Islam in Deutschland ergeben. Dabei besteht unter den Experten Uneinigkeit drüber, ob der interreligiöse Dialog unmittelbar angstbestimmt ist oder aber Islamangst in der Bevölkerung nur mittelbar die Dialoghaltungen verändert hat. Teilweise bezeichnen die Gesprächspartner Islamangst als nicht nur nachvollziehbar, sondern auch berechtigt. Auch der reflexive Umgang mit Themensetzungen im interreligiösen Dialog kann aber nicht immer den Eindruck der aufnahmegesellschaftlichen, christlichen Hegemonie vermeiden, weil bestimmte Fragen sich als faktisch unumgänglich erweisen können und man auch bei bestem Willen den herrschenden Verhältnissen nicht zu entrinnen vermag.

Der 11. September 2001 und die anschließenden Diskussionen um Terrorgefahr und das Verhältnis von Islam und Gewalt haben erstmalig bestimmte Themen überhaupt in den Dialog eingeführt und ihm damit eine insgesamt skeptischere Grundstimmung verliehen. So kamen die Schlagworte „Blauäugigkeit im Dialog" oder „Kuscheldialog", die eben für diese skeptische Haltung stehen, erst in den letzten Jahren überhaupt auf:

> Ich weiß nicht, ob man unbedingt eine Kausalität da feststellen kann, sondern vielleicht an manchen Stelle eine veränderte Grundhaltung. Dass angesichts einer anderen Grundstimmung, einer Grundbefindlichkeit nach dem

---

86 Ein Experte definiert seine Idealvorstellung von einem solchen Dialog wie folgt: „Das klassische Dialogschema wäre nach meinem Verständnis, dass ich in ein Gespräch hineingehe mit der Voraussetzung, dass ich anders herauskomme. Und diese intellektuelle Kraft haben, glaube ich, nicht allzu viele Menschen, weder im Islam noch im Christentum. Und deshalb ist das, was gewöhnlich so unter Dialog läuft, doch eher ein Austausch, wenn es hoch kommt ein wechselseitiges Interesse. Aber nicht die Vermutung, dass ich für mich selbst aus dem Dialog etwas mich Veränderndes lerne. Die Leute, die diese Grundhaltung haben, für die verändert sich ständig etwas, wenn sie im Gespräch sind, und die haben dann auch keinen Grund, Angst zu haben vor dem Islam und vor sonst irgendwas. Bei den anderen würde ich sagen, die sind nicht im Dialog. Und wenn ich mich nicht wirklich auseinandersetze und nicht meine, ein anderer, egal wie er geprägt ist, könnte etwas mitbringen, was mich selbst auch bereichern kann, ja, dann baue ich halt Ängste auf."

## 5.1 Christlich-islamischer Dialog

> 11. September es z.B. möglich war zu sagen, hat man den Dialog blauäugig geführt? Solche Begriffe sind erst nach dem 11. September, also nachdem überhaupt Islam mit der Sicherheitsfrage in Zusammenhang gebracht worden ist, benutzt worden und dann auch erst in eine kontroverse öffentliche Diskussion gekommen. Das heißt also, [...] nicht die Angst hat den interreligiösen Prozess so oder so beeinflusst, sondern ich würde sagen, dass eine Schwelle oder eine Grundstimmung Einfluss genommen hat und die hat verschiedene Elemente innerhalb dieses gemeinsamen Gesprächsprozesses auch noch mal verschoben.

Insofern ist der Legitimationsdruck auf den Islam deutlich gewachsen, und Rückwirkungen von Konflikten, die eigentlich im internationalen System zu verorten sind, auf den Dialog werden deutlich spürbar, auf allen Ebenen, auch auf der lokalen. So hat die unter der „völkerrechtlichen Reziprozität" zusammengefasste Diskussion auch Eingang in den Dialog auf Gemeindebene gefunden, indem Zweifel an der gesellschaftspolitischen Erwünschtheit einer gleichberechtigten Behandlung des Islams in Deutschland angesichts der Ungleichbehandlung von Christen in islamischen Ländern formuliert werden.

Massenmedial vermittelte Informationen über den Islam aus anderen Weltregionen, aus Afghanistan, Pakistan, dem Iran oder dem Irak, werden nicht selten ungefiltert zum Dialoggegenstand in lokalen Initiativen in Deutschland, erschweren die gegenseitige Verständigung und verfestigen ideologische Einstellungen. Ein Experte differenziert aber im Hinblick auf diesen Prozess wie folgt:

> Dort, wo Menschen unmittelbar zusammenleben [...], gibt es kaum Berührungsschwierigkeiten, die Leute kommen miteinander zurecht. Wenn ich handfeste Vorurteile hören will, dann gehe ich in ein vollkommen bürgerliches Wohnviertel, wo bestenfalls mal ein muslimischer Arzt wohnt oder sonst was. Und da sind die Vorurteile heftig und dort werden die Vorurteile auch durch diese medialen Vermittlungen weiter verstärkt. Aber nicht in der direkten Zusammenwirkung, da konnte ich nichts feststellen.

Wachsende Entfremdung der Christen von den Muslimen wird nicht nur als Medienproblem beschrieben, sondern als durchaus substantiell im Alltag. So wird die Diskussion um die Religionsfreiheit in der Türkei seit

Jahren auch durch die Kirchen intensiv geführt, ohne dass hieraus spürbare Verbesserungen erwachsen wären. Diese Erfahrung kann zu Resignation auf christlicher Seite führen. Dialog bekommt vor dem Hintergrund dieser Belastungen aber den Charakter eines „Wertes an sich", da er sich der Tendenz der Konfrontation zumindest zu widersetzen *versucht*. Dies gilt umso mehr für die verbleibenden Bemühungen der Kirchen, interreligiösen Dialog über Ländergrenzen und Kulturräume hinweg zu organisieren.

Mitunter wird nach Einschätzung der Experten durch die christlichen Akteure aber auch deutlich gesehen, dass das Verhalten der Muslime in Dialog (ebenfalls) angstbehaftet ist, indem sie fürchten, für Fehlentwicklungen in „Kollektivhaftung" genommen zu werden. Sogar islamophobe Tendenzen in der deutschen Gesellschaft werden in Teilen der Kirchen durchaus gesehen. Ein Experte über Erfahrungen mit einem Pfarrer im (evangelischen) Gemeindeleben vor Ort:

> [Er kam] zu jeder Sitzung mit irgendeinem Ereignis in Afghanistan oder Pakistan oder was [... und sagte] „wie stehen Sie dazu?" [...] Und das hat zu Tränen geführt bei diesen netten muslimischen Leuten, die haben gesagt, „was habe ich damit zu tun, was da Schlimmes in Pakistan passiert?" Wir sagen auch nicht ständig, was irgendwelche Christen in Äthiopien oder anderen Ländern Muslimen antun, das spielt in Deutschland keine Rolle. Und das ist mir auffällig gewesen, das war jetzt die konkrete Erfahrung, aber ich glaube, das kann man generalisieren, dass das für viele Menschen, die sozusagen eine Neigung dazu haben, das ist ja die Mehrheit bei uns in Deutschland, Muslime kritisch zu sehen, für die spielt das eine ganz wichtige Rolle und verbaut auch damit ein gutes Miteinander hier vor Ort. Da haben manche Pfarrer, muss man sagen, [...] eine schlechte Rolle gespielt. Aber es gibt eben sehr viele hervorragende Pfarrer, also Kirchenleute. Es gibt in dem Bereich verständlicherweise beides.

Unklar bleibt den befragten Experten indessen, als wie tief gehend die Muslime den auf ihnen lastenden Legitimationsdruck wirklich empfinden. Zum Teil haben die Auseinandersetzungen um die Integration(sfähigkeit) der Muslime in die deutsche Gesellschaft nach ihrer Einschätzung nur einen eher oberflächlichen, rituellen Charakter bekommen. Die

## 5.1 Christlich-islamischer Dialog

Führung von Dialog unter taktischen Vorzeichen dürfte hierdurch begünstigt werden, wobei es nicht um Verständigung, sondern nur um die Vermeidung von Nachteilen geht. Zugleich kann aber auch ein taktischer Dialog noch immer einen Beitrag zur interreligiösen Verständigung leisten, zumindest indem Auseinandersetzungen die „ideologische Spitze" genommen wird, indem man in Krisensituationen auf die etablierten religiösen Netzwerkstrukturen zurückgreifen kann. Ein Experte:

> Und wenn sich da irgendwas zusammenbraut und die kommen auf die Idee, das auf die Schiene von Glaubensauseinandersetzungen zu bringen, dann können wir schlicht uns hinstellen und öffentlich unser Halleluja anstimmen oder sonst irgendwas, und dann geht das nicht mehr. Und Konflikte, die diese ideologische Spitze genommen kriegen, die werden halt wesentlich stumpfer und die müssen sich dann sachlich rechtfertigen. Von dieser Linie halte ich eigentlich recht viel. Deshalb macht für mich auch dieses dialogische, was kein Dialog ist, aber wo man sich kennen lernt, wo man ein gewisses Vertrauen gewinnt, für sich genommen Sinn.

In der Ausnahme wird durch die Experten wahrgenommen, dass die deutschen Muslime unter dem Rechtfertigungsdruck der letzten Jahre auch Positionen revidiert und geklärt haben sowie eine aktive Öffentlichkeitsarbeit und Themensetzung betreiben. Die Islamische Charta oder regionale, noch detailliertere Papiere wie etwa das der Schura Hamburg[87] wären ohne die Diskussion der letzten Jahre nicht denkbar gewesen und belegen nach dieser Sichtweise, dass die Auseinandersetzung mit den Muslimen nicht nur zur Verfestigung von Positionen und taktischen Argumentationen geführt hat.

### 5.1.3 Dialoghaltungen

Unter den Laien in den Gemeinden ist das schlichte Bedürfnis nach Information über den Islam ein ganz entscheidendes Motiv zur Kontakt-

---

87 Muslime in einer pluralistischen Gesellschaft. Grundsatzpapier der Schura Hamburg vom 18.04.2004.

aufnahme mit Muslimen. Moscheebesuche und Informationsveranstaltungen erweisen sich in der Folge dieses Bemühens als wirksam für den Abbau von Ängsten und Vorurteilen und können wichtige Beiträge zur Verständigung leisten. Sie können auch gegen die unreflektierte Übernahme von durch die Medien evozierten Feindbildern immunisieren. Die Berichterstattung in den Medien ist von großer Bedeutung für die Prädisposition insbesondere potentieller neuer Dialogakteure, während in den Dialog involvierte Personen, unabhängig von aktuellen politischen Ereignissen, in der Regel ihre Differenzierungsfähigkeit bewahren können. Eine Beobachtung eines Experten:

> Ich merke auch bei gebildeten Menschen [...] eine Diskussion, wo man eine andere Ebene erwartet hätte. Und umgekehrt, bei ganz einfachen Leuten, die vielleicht mehr Kontakt haben zu Muslimen, [...] kriegt man komplexere Aussagen manchmal.

Begegnung allein schafft zumindest atmosphärischen Verbesserungen. Dies gilt in besonderer Weise auch für die Muslime, die sich auch mit ausgesprochenen Ängsten vor der deutschen Gesellschaft plagen.

Der tiefer gehende Dialog, zumal über Glaubenshaltungen und Glaubenserfahrungen, ist durchaus asymmetrisch. Hierbei spielt eine Rolle, dass in vielen Kontexten – allemal in den Gemeinden vor Ort – christliche Experten auf muslimische Laien treffen und im deutschen Islam insgesamt zu wenig theologische und wissenschaftlich Expertise vorhanden ist. Dieser Umstand wird von den Experten so einhellig betont, dass man davon ausgehen muss, dass es sich hierbei um ein Hauptindernis im Dialog handelt. Zudem kann auf christlicher Seite – hier eher in Gremien als im Dialog der Gemeinden vor Ort – erhebliches Misstrauen gegenüber dem Vertretungsanspruch der jeweiligen muslimischen Ansprechpartner bestehen, nicht selten werden auch herkunftslandgesteuerte, vielleicht Integration ablehnende Motive unterstellt.

Generell besteht auf christlicher Seite das Bild, dass die Mehrheit der Muslime grundsätzlich nicht durch die bestehenden Verbände vertreten wird. Die folgende Äußerung repräsentiert eine solche Expertenmeinung,

## 5.1 Christlich-islamischer Dialog

die nicht nur von den meisten Befragten in diesem Themenbereich geteilt, sondern von ihnen auch als in den Kirchen verbreitet angesehen wird:

> [...] die Leute, die sich als Vertreter jeweils des Islams geben, sind ja weit davon entfernt, sich legitimer Weise als solche zu erkennen zu geben. Sie vertreten ja meist nur eine klitzekleine Gruppe. Nur da andere Gesprächspartner nicht zur Verfügung stehen, sind das halt dann die offiziellen Gesprächspartner. Und das ist übrigens eine meiner Hauptsorgen, dass die Mehrheitsmuslime kein wirkliches Sprachrohr haben. Und die organisierten Muslime in sehr vielen Fällen von Interessen zumindest mitgesteuert werden, die nicht unbedingt immer die ihren sind.

In latentem Widerspruch zu dieser Einschätzung steht, mitunter bei denselben Experten, die mangelhafte Repräsentation beklagen, die Tendenz, die quantitativen Bedeutung des muslimischen Elements in der deutschen Bevölkerung zur relativieren, indem nur von einigen hunderttausend praktizierenden Muslimen ausgegangen wird – nicht mehr also, als an die Verbände gebunden sind. Offen bleibt hier, wie vor diesem Hintergrund dann ein Repräsentationsproblem bestehen soll. Ein Experte merkt kritisch an, dass die Thematisierung der fehlenden Repräsentation des Islams entsprechend im Dialog eine taktische Qualität haben mag, um als problematisch empfundene Forderungen und Positionen, auch im Wettbewerb um Ressourcen, als letztendlich illegitim darzustellen. Damit wird eine Meinungsführer- und Artikulationsfunktion der muslimischen Verbände verneint.

Die Wahrnehmung der etablierten Verbände als herkunftslandgesteuert führt zu dem Wunsch, vermehrt Gesprächspartner zu finden, die sich unabhängig von Glaubenstraditionen mit ihrem Muslimsein in Deutschland auseinandersetzen. Die Gruppe solcher möglicher Gesprächspartner wächst mit der dritten Einwanderergeneration tatsächlich langsam heran.

Im Falle der deutschen Islamforen wird die mangelnde Vertretungskompetenz der etablierten Dachverbände nochmals anders gedeutet – nämlich als Hinweis auf eine Säkularisierung der „muslimischen" Bevölkerung analog zu den Christen. Hier kann der interreligiöse Dialog die

Dekonstruktion des religiösen Elements zur Folge haben, etwa wenn der Initiator der Islamforen, Jürgen Micksch, schreibt:

> Es wird meist übersehen, dass nur etwa 20 Prozent der über drei Millionen Muslime in Deutschland mehr oder weniger enge Beziehungen zu Moscheen und Moscheevereinen haben. Etwa 80 Prozent leben säkular und ohne starke Bindungen an islamische Traditionen. [...] Trotzdem werden Muslime immer häufiger auf ihre Religionszugehörigkeit reduziert.[88]

Im Ergebnis kann dann aber interpretiert werden, dass wohl möglicherweise die Gefahr besteht, dass die so verstandenen Islamforen – und eben nicht „Integrationsforen" eben genau diese Tendenz weiter verstärken und zugleich die Etablierung der Religion als zentrale integrationspolitische Kategorie weiter befördern. Schon die Verwendung des Begriffs „Muslime" reduziert die Angesprochenen auf ihre Religionszugehörigkeit.

In Teilen der Kirchen – wohl fast durchgängig bei den Amtsträgern auf allen Hierarchieebenen – wird der Islam als rückständig und intellektuell dem Christentum deutlich unterlegen verstanden, wobei diese Einschätzung zu relativieren versucht wird, indem man auf die historischen Leistungen des Islams, im Kontrast zur heutigen Situation, verweist:

> In letzter Zeit, also in den letzten zwei, drei Jahren, da gibt es nachwachsende, junge Muslime und das männliche Pendant dazu, die haben tatsächlich Fragen, also nicht nur missionarischen Eifer, sondern bei denen habe ich den Eindruck, die interessiert auch, wie z.B. Christen hier denken. Bei den Älteren, mit denen wir es früher zu tun hatten, die haben aus Höflichkeit nachgefragt. [...] Imame, die ernsthaft theologisch argumentieren können, das war so gut wie nicht vorhanden. Die Leute haben Vorstellungen, die sind schlicht, man sagt, das ist eines der Hauptprobleme des modernen Islam, dass sie theologisch nicht auf Zack sind. Hier gibt es weniger als eine Hand voll Leute, mit denen ernsthafte theologische Gespräche stattfinden, die so einigermaßen unserem Standard entsprechen. [...] Aber es geht nicht darum, in einen bestimmten Wissenschaftsstandard zu verfallen, sondern mehr als nur Formeln von sich geben zu können und mehr als nur Auskunft ge-

---

88 Micksch, Jürgen: Islamforen in Deutschland. Dialoge mit Muslimen. Frankfurt/Main 2005, S. 9.

ben zu können über bestimmte Riten. Und wenn man diese Sinnebene, also eine Metaebene, wenn Sie so wollen, anspricht, dann hakt es aus. Dann ist es schwierig, dann kann man freundlich zueinander sein, was wir ja auch sind. [...] Der Islam hat schon andere Höhen erlebt als im Moment. Im 12. Jahrhundert waren die islamischen Autoren von anderem Kaliber.

Die theologische Situation des Islams wird als Resultat eines Entwicklungsproblems aufgefasst, das eine auch soziale, eventuell migrationsbedingte Dimension hat (Schichtenzugehörigkeit, damit verbundene Engagementhürden u. Ä.). Überheblichkeit der christlichen Seite im Dialog besteht aber nicht nur gegenüber Muslimen, sondern auch gegenüber anderen Religionsgemeinschaften. Der Klage über mangelnde intellektuelle Qualität des Dialogs steht seitens anderer Religionsgemeinschaften der Vorwurf der „Verkopftheit" an die Christen gegenüber.

In jedem Fall wird der Mangel an in Deutschland ansässigen muslimischen Theologen beklagt.

Die Reflektion der eigenen Religion, Nachfragen an den eigenen Glauben stehen, so die Experten selbstkritisch, nicht selten hinter der Kritik am Islam zurück, die Reflektion über Glauben im interreligiösen Dialog kann sich auf christlicher Seite in der ausschließlichen Reflektion über den Glauben des Gegenübers erschöpfen. Auch dies ist ein Hindernis, wenn gemeinsame Positionen der Religionen etwa zu Demokratie oder Glaubensfreiheit gefunden werden sollen. Standpunkte, wie sie in der „Handreichung" der EKD von 2006 formuliert werden, werden, jenseits der inhaltlichen Kritik, als vom Duktus her paternalistisch empfunden und werden damit zum Hindernis für einen „Dialog auf Augenhöhe".

Es lassen sich Beispiele für diese Orientierung auch in Verlautbarungen der Kirchenleitungen finden, die diese Einschätzung der Experten stützen: Wenn Kardinal Lehmann als Ziel interreligiösen Dialogs formuliert, durch die gegenseitige Reflektion über den Glauben zu verhindern, „dass es kleinen extremistischen Gruppen gelingt, die Mehrheiten in den

Religionsgemeinschaften gegeneinander aufzuhetzen"[89], so meint dies in der Praxis des Dialogs aber nicht selten, dass eben doch die Gefahr der Aufhetzung aus christlicher Perspektive nur auf muslimischer Seite gesehen wird.

Die Hinterfragung von Glaubensinhalten auf beiden Seiten ist die zwingende Voraussetzung für einen langfristigen Dialog mit den Muslimen, eine Maxime, die bei Weitem nicht immer berücksichtigt wird. Davon abgesehen kann auch schlicht das Fehlen einer gemeinsamen Sprache den Dialog, zumal über die schwierigen und mitunter persönlichen Themen Glaubenshaltungen und Glaubenserfahrungen, erschweren.

Andererseits wird betont, dass die Muslime den Dialog zunehmend eingeübt haben und damit die Tendenz besteht, dass Asymmetrien im Dialog abgebaut werden, auch indem muslimisches Selbstbewusstsein gegenüber Dialogpartnern wächst. Dies gilt insbesondere für den VIKZ sowie für die (wenigen) islamischen Reformtheologen.

Die Kirchen nutzen den christlich-islamischen Dialog zur eigenen Profilschärfung, was auf zweierlei Motiven beruhen kann: Einerseits die Profilierung nach Innen, in Richtung der Gläubigen, andererseits die Repräsentation des eigenen integrationspolitischen Gestaltungsanspruchs gegenüber der deutschen Gesellschaft, für die die Auseinandersetzung um den Islam ein willkommenes Diskursfeld bietet.

Die Profilschärfung nach Innen wird wie folgt beschrieben:

> [...] es ist auch meines Erachtens tatsächlich so, dass das Christentum hier in Deutschland sich neu formiert, auch in Auseinandersetzung, in hintergründiger, mit dem Islam. Das ist nicht allzu vielen Leuten bewusst, aber die Bereitschaft breiter Bevölkerungsschichten, sich mit der eigenen Glaubenstradition deutlicher auseinander zu setzen, hat, glaube ich, auch etwas damit zu tun, dass es Muslime hier bei uns gibt.

Die Relevanz des oben genannten zweiten Motivs wurde im Rahmen der Interviews von einigen genannt, andererseits bezweifelt, da angesichts

---

89 Karl Kardinal Lehmann: Chancen und Grenzen des Dialogs zwischen den „abrahamitischen Religionen". In: Benedikt XVI: Glaube und Vernunft. Die Regensburger Vorlesung. Freiburg/Breisgau 2006, S. 97-133, hier S. 103.

geringer werdender Ressourcen der gesellschaftliche Gestaltungsanspruch der Kirchen immer weniger eingelöst werden kann. Wiederum andere sehen keinen Zusammenhang zwischen der (schwieriger werdenden) Personalsituation und der Bedeutung, die die Kirchen dem christlich-islamischen Dialog zumessen.

Vor diesem Hintergrund dient die Handreichung der EKD zum Dialog mit den Muslimen von 2006 der Profilschärfung nach Innen, indem es sich gegenüber einem sogenannten „Kuscheldialog" abgrenzt. Obwohl die Klassifizierung des Papiers als „Handreichung" seine Bedeutung eher relativiert, hat der EKD-Vorsitzende Wolfgang Huber die Linie des Textes in öffentlichen Äußerungen konsequent weiterverfolgt und zugespitzt, so auch anlässlich der EKD-Synode in Dresden im November 2007, bei deren Eröffnung er die Muslime aufforderte, kritischen Fragen nicht auszuweichen, die Legitimität der Infragestellung von Moscheebauten unterstrich sowie den Vergleich zwischen der Religionsfreiheit im Christentum und der Religionsfreiheit im Islam zog, und damit einen interessanten Querschnitt sich gegenüber den Muslimen abgrenzender Redestrategien bot.[90]

Der eingangs referierte Forschungsstand zum Islamdiskurs der Kirchen als primärer Abgrenzungsdiskurs wird damit grundsätzlich bestätigt, allerdings ist die Situation ausgesprochen komplex und eher durch Grau- als durch Schwarz-Weiß-Töne gekennzeichnet.

Es besteht alternativ durchaus Potential zur Stärkung der gesellschaftspolitischen Relevanz der Kirchen im Zuge des interreligiösen Dialogs, das sich nicht aus Abgrenzung, sondern aus Kooperation ergibt. So bedeutet etwa die Einführung islamischen Bekenntnisunterrichts an deutschen Schulen als Regelfach gleichzeitig die Stärkung des katholischen und evangelischen Unterrichts gegenüber alternativen Modellen des Ethikunterrichts oder Ähnlichem. Ein gemeinsames Vorgehen der Religionsgemeinschaften in dieser Frage liegt eigentlich auf der Hand, weitere gemeinsame Interessenlagen lassen sich sicherlich finden. Ob die Versuche der Profilierung nach Innen diese Möglichkeiten der Verständigung und der Interessenverfolgung nach Außen verstellen, ist nicht

---

90  dpa-Meldung vom 5.11. 2007 zur EKD-Synode in Dresden.

klar. Einerseits scheint ein solcher Zusammenhang den Experten plausibel, andererseits nicht. In diesen Fällen wird ein klares Profil der Gesprächspartner eher als Gewinn denn als Hindernis für den Dialog verstanden.

Es ist aber, abgesehen von den Experteninterviews, insgesamt auffällig, in welch hohem Maße die Amtskirche im Dialog mit dem Islam ihre gesellschaftspolitische Relevanz gewachsen sieht, auch unabhängig von der Integrationspolitik. Kardinal Karl Lehmann sieht gar die Säkularisierung der westlichen Gesellschaften in Frage gestellt, wenn er schreibt:

> Die sogenannte Säkularisierungsthese, wonach die Religion im Zuge der wirtschaftlichen und gesellschaftlichen Modernisierung einem zunehmenden und unaufhaltsamen Bedeutungsverlust im Raum der Öffentlichkeit ausgesetzt ist [...] wird allenfalls noch mit erheblichen Einschränkungen und Differenzierungen vertreten. Zu offenkundig und mit Macht ist die Religion auf die globale Bühne zurückgekehrt, sofern sie diese denn überhaupt je wirklich verlassen hatte. [...] Es ist vor diesem Hintergrund alles andere als verwunderlich, dass – vor allem seit dem 11. September 2001, dessen Bilder der Zerstörung tief in das Bewusstsein der heutigen Menschheit eingelassen sind – weitgesteckte Erwartungen mit einem Dialog der Religionen verbunden werden.[91]

In gewissem Umfang scheint den christlichen Kirchen die mit dem Erstarken des Islamismus begonnene Rückkehr der Religion auf die Weltbühne also gelegen zu kommen. Der Instrumentalisierung von Religion für politische Zwecke setzt Lehmann den verstärkten interreligiösen Dialog entgegen. Diese Perspektive könnte sich angesichts der tatsächlichen Stagnation dieses Dialogs, auf die die Experteninterviews schließen lassen, aber als wenig realistisch erweisen.

Wo engagierte und aufgeschlossene Akteure aus christlicher und muslimischer Community gemeinsam an Herausforderungen arbeiten, so legen die Experteninterviews aber auch nahe, kann der „Dialog" durchaus gelingen und nachhaltig sein, wie einzelne Initiativen belegen. Christlich-

---

91 Karl Kardinal Lehmann: Chancen und Grenzen des Dialogs zwischen den „abrahamitischen Religionen". In: Benedikt XVI: Glaube und Vernunft. Die Regensburger Vorlesung. Freiburg/Breisgau 2006, S. 97-133, hier S. 98-99.

islamischer Dialog im engeren Sinne, also das Gespräch auch über theologischen Gehalt, scheint aber noch ungleich schwieriger zu sein.

### 5.1.4 Organisatorische Fragen

Abgrenzungsdiskurse und Fragmentierungsentwicklungen in der muslimischen Community selbst schwächen den Islam aus der Sicht der christlichen Gesprächspartner, wobei sie durch den Aufbau von Legitimationsdruck und islamkritischen Haltungen aber selbst zu einer zumindest phasenweisen gegenseitigen Abgrenzung der Muslime beigetragen haben.

Nicht nur zwischen Sunniten und Aleviten, sondern auch für die sunnitischen Verbände in Deutschland untereinander ist die gegenseitige Konkurrenz um Vertretungsanspruch, Mitgliederzahlen usw. nach dem 11. September so prägend geblieben wie davor, wobei nach dem 11. September unter den Verbänden tatsächlich eine Profilierung auf gegenseitige Kosten zu registrieren war, wenn es um die Abgrenzung von Gewalt und Terrorismus geht – so jedenfalls die Wahrnehmung der christlichen Gegenüber. Mit der von DITIB nach den Anschlägen von Madrid 2004 in Köln initiierten gemeinsamen Demonstration der sunnitischen Verbände für das friedliche Zusammenleben schien diese Phase allerdings zunächst zu Ende gegangen – wobei alle weiteren, längst vor dem 11. September bestehenden Gegensätze zwischen den islamischen Strömungen verblieben sind. Die mögliche Einigung unter einem gemeinsamen Dachverband erscheint den christlichen Dialogpartnern als Folge politischen Drucks der deutschen Seite, der den Vertretern des sunnitischen Islams, auch vor dem Hintergrund ihrer Beteiligung an der Deutschen Islamkonferenz und der notwendigen Stärkung ihrer dortigen Position, inzwischen alternativlos erscheinen muss. Alternativlos ist dieser Schritt auch deshalb, weil nur so dem oft taktischen Argument der christlichen Seite zu begegnen ist, das Fehlen eines gemeinschaftlichen Ansprechpartners stehe muslimischer Interessendurchsetzung im Weg. Dessen ungeachtet kann auf lokaler Ebene, etwa in den Ausländer- und Integrationsbeiräten, in denen sich häufig Angehörige der muslimischen Verbände engagieren, die Konkurrenz der Muslime untereinander noch auf Jahre dominieren.

Kirchliche Vertreter sehen die mangelnde Fähigkeit des Islams zur Kooperation, auch innerhalb der muslimischen Community selbst, mitunter gar als kulturinhärent an. Das tatsächliche Gelingen der Etablierung eines sunnitischen (eventuell inkl. schiitischen) Dachverbandes sollte nach Einschätzung der christlichen Dialogexperten davon abhängen, ob die interne Machtverteilung zwischen den Verbänden konsensfähig organisiert werden kann.

Der Etablierung eines gemeinsamen Ansprechpartners auf muslimischer Seite wird durch die Christen große Bedeutung zugemessen, in dem Sinne, dem Islam eine anerkannte Stimme zu geben. Dieser Wunsch ist nicht nur taktisch motiviert, die Entwicklung kompetenter Gesprächspartner auf muslimischer Seite im Ergebnis verhindert werden soll, sondern kann aus einer Sorge um die Fragmentierung der Dialogbemühungen resultieren.[92]

Die Kirchen sehen keine bedeutsamen internen Veränderungen bei den muslimischen Verbänden, ihren Gesprächspartnern – mit der Ausnahme von Milli Görüs – der Verband habe sich, auch nach Umbesetzungen im Vorstand, in den letzten Jahren dialogfreundlicher gezeigt. Außerdem emanzipieren sich einzelne DITIB-Moscheen zunehmend von der Einflussnahme durch ihren Verband und damit durch die türkische Politik, wodurch ein vorbehaltloserer, weniger taktischer Dialog möglich wird. Die Gemeinden vor Ort unterscheiden sich selbstverständlich deutlich voneinander hinsichtlich der personellen und inhaltlichen Kontinuität ihrer Arbeit.

Bedeutsam ist auch die Erkenntnis, dass die Kirchen und ihre Dialogbemühungen nicht als vollkommen monolithische Blöcke aufzufassen sind und unterschiedliche Interessenlagen bestehen können. In den Kirchen ist der Dialog und die Festlegung seiner Grundsätze und Leitlinien heute eine Angelegenheit der Gremien geworden, weniger der Kirchen-

---

92 Entsprechend auch die Einlassung von Bischof Wolfgang Huber im Deutschlandradio Kultur am 12.04.2006 in Reaktion auf die Gründung des Koordinierungsrates der Muslime (laut ddp-Meldung vom selben Tag).

leitungen. So war auch die EKD-Handreichung von 2006 kirchenintern nicht unumstritten:

> Zunächst einmal war das eine „Handreichung", und im kirchlichen Sprachgebrauch ist „Handreichung" immer der niedrigste Status. Es ist fast durch den Rat der EKD durchgefallen, das Papier, sonst wäre es eine Denkschrift geworden oder ein Memorandum. Aber eine Handreichung ist der niedrigste Status. Dieses Papier zielt auf eine innerkirchliche Abgrenzung gegen die Islambeauftragten der Kirchen, denen weitgehend „Kuscheldialog" vorgeworfen wird. Und deshalb hat dieses EKD-Papier ja auch mehr den Akzent auf Klarheit, d.h. Abgrenzung gelegt als auf gute Nachbarschaft. Dass mit einem solchen Papier auch Mehrheitsströmungen im Volk bedient werden sollen, wird man wahrscheinlich gar nicht bestreiten können.

Trotz der vollkommen anderen Organisation der Kirchen im Vergleich zur muslimischen Community – auch auf christlicher Seite dürfte also kaum von einer stringenten Strategie auszugehen sein, mit der der Islamdiskurs geführt wird.

## 5.2 Integrationspolitik

### 5.2.1 Integration des Islams als politische Aufgabe

Die politische Auseinandersetzung mit der Integration des Islams wird durch die Experten als evolutionärer Prozess beschrieben, der durch einzelne Ereignisse katalysiert wurde, die sich seit Mitte bis Ende der 1990er Jahre gehäuft haben. Hierzu zählen zuvorderst juristische Auseinandersetzungen etwa um die Anerkennung muslimischer Gemeinschaften als öffentliche Körperschaften, das Recht zur Erteilung islamischen Religionsunterrichts oder das Tragen des Kopftuchs durch Lehrerinnen (oder auch das rituelle Schächten),[93] auf lokaler Ebene auch die stärkere Sichtbarwerdung

---

93 Siehe die höchstrichterlichen Entscheidungen zum Thema Kopftuch bei Lehrerinnen: Urteil des Bundesverwaltungsgerichts vom 4. Juli 2002, Urteil des Bundesarbeitsge-

der Muslime und ihrer kulturellen Differenz durch die Errichtung von Moscheebauten, muslimische Bekleidungsvorschriften, die Wahrnehmung räumlicher Segregation u. Ä. Angesichts dieser Aufzählung wird deutlich, dass in den 1990er Jahren primär die Länder sich der Aufgabe der Integration des Islams stellen mussten, oft anlässlich der Debatte um den Religionsunterricht. Ein Experte formuliert es so:

> [...] indem der Islam [...] sichtbar wird durch Frauen, die Kopftücher tragen, indem er auch Ressourcen für sich beansprucht, Gleichbehandlung gegenüber den anderen Religionsgemeinschaften, in dem Sinne wird die Debatte intensiver geführt.

Auch heute betreffen viele Fragestellungen (Kopftuch im öffentlichen Dienst, Moscheebau-Vorhaben) Landes und Kommunalrecht, worin eine strukturelle Schwäche der bundesweit wirken wollenden Deutschen Islamkonferenz zum Ausdruck kommt – diese drängenden Probleme vor Ort kann sie eher mittelbar adressieren. Angesichts der schon in den 1990er Jahren unübersehbar deutlichen Herausforderung Islam gehen Planungen für einen Islamgipfel schon auf die rot-grüne Bundesregierung vor dem 11. September 2001 zurück, die auch im Zusammenhang mit der damals eingerichteten Zuwanderungskommission unter der Leitung Rita Süßmuths standen, von der nämlich Eindruck zurückgeblieben war, dass auf dem Feld der Integration des Islams noch nachzuarbeiten war, da dieses Thema im Kommissionsbericht unterbelichtet blieb.[94] Und schließlich ist über Jahre deutlich geworden, dass Migranten durch Förder- und Unterstützungsmaßnahmen – so in der Familienpolitik – selten erreicht werden, wofür ebenfalls nicht selten kulturelle Differenz verantwortlich gemacht wurde – auch ein Grund, den Islam zu thematisieren.

Nach dem 11. September 2001 ist eine deutliche Islamangst in der deutschen Bevölkerung zu konstatieren, die ebenso die weitere politische

---

richts vom 10. Oktober 2002, Urteil des Bundesverfassungsgerichts vom 24. September 2003; zum Schächten: Urteil des Bundesverfassungsgerichts vom 15.01.2002.

94 Was, nebenbei bemerkt, aber ein deutliches Indiz dafür ist, dass die Kulturalisierung des Integrationsdiskurses durch stärkere Bezugnahme auf den Islam eben erst nach dem 11. September 2001 einsetzte.

Befassung mit dem Thema veranlasst hat. Dieser Befassung ist ein grundlegendes Misstrauen gegenüber der Eingliederung des Islams in eine plurale Gesellschaft inhärent. Überwölbt würde diese Entwicklung vom kontinuierlichen Wachstum der Gruppe der Muslime sowie in qualitativer Hinsicht durch ihre über die Jahre immer klarer formulierte Forderung nach politischer Partizipation und rechtlicher Gleichstellung.

Damit ist die Bedeutung, die dem Islam in der Integrationspolitik zugemessen wird, durchaus adäquat. Nur ausnahmsweise wird langfristig ein Bedeutungsverlust der muslimischen Orientierung in der Migrantencommunity erwartet. Dessen ungeachtet besteht die Tendenz, dass das Thema Islam auf Bereiche der Integrationspolitik übergreift, in denen eine kulturalistische Zugangsweise nicht angemessen ist:

> [...] der Islam dient auch als Platzhalter für bestimmte unerledigte Aufgaben [...] der Einwanderungsgesellschaft. Viel, was hier unter dem Label Islam diskutiert wird, hat mit Religion überhaupt nichts zu tun, sondern hat etwas mit Zuwanderung zu tun.

Es besteht damit die Gefahr, dass durch die Aushandlung von Integrationsfragestellungen mit religiösen Vertretern die Tendenz zur Kulturalisierung der Integrationsdebatte verfestigt wird. Darüber hinaus zeigt sich aber auch, dass die Verbindung von Islam- und Integrationspolitik dazu führt, die Integrationsprobleme nicht-islamischer Zuwanderergruppen zunehmend zu übersehen. Auch sind nicht-religiöse Infrastrukturen, die bei der Umsetzung von Integrationsmaßnahmen oder als Akteure der Selbsthilfe wirksam werden könnten, in zu geringem Maße vorhanden. Dies reflektiert die folgende Experteneinschätzung:

> Die große Mehrheit auch der Muslime in Deutschland ist ja gar nicht moscheegemeinschaftsgebunden, [...] sondern lebt ein säkulares Leben. Und für diese Menschen besteht [...] kein Angebot, eine gemeinsame Plattform zu schaffen, wo man sich begegnet. Und umgekehrt [...] besteht kein Angebot und keine Aufklärung darüber, dass die bei weitem überwiegende Zahl arabischer, türkischer und anderer muslimischer Menschen hier, dass die eigentlich sozusagen geradezu darauf warten, als Partner auch zivilgesellschaftlicher Initiativen und Gemeinschaften akzeptiert zu werden.

Möglicherweise ist aber ein anderes Missverständnis viel bedeutender, nicht die Reduzierung der Migranten auf Kultur und Religion, sondern die Reduzierung von Integrationspolitik – verstanden als gesamtgesellschaftliche, systemische Herausforderung – auf das Thema Migration – denn Integration ist eine Herausforderung, die das Gesellschaftssystem insgesamt betrifft. Die Einschätzung des Experten, der auf diese Problematik aufmerksam macht:

> Die Integrationsdebatte halte ich auch zum Teil für aufgesetzt, weil die Themen, die da überwiegend behandelt werden, sind eher Prekariatsdebatten und Unterschichtendebatten als alles Andere. Also, was da wirklich an Problemen zu lösen ist, da macht es keinen Unterschied [...], ob die da Muslime sind oder nicht Muslime, ob die aus der Türkei kommen oder ob sie in Moabit geboren sind, geboren sowieso, aber ob sie deutschstämmige Eltern haben. Von daher finde ich eher das Problem, die Integrationsdebatte sozusagen auf eine Migrationsdebatte zu reduzieren.

Dies heisst aber nicht automatisch, dass die verstärkte Betonung des Themas Islam in der Integrationspolitik etwa auf Sicherheitspolitik reduziert würde – dies gilt so wie so nicht für die Landes-, aber auch höchstens begrenzt für die Bundesebene von Integrationspolitik. Die Auseinandersetzung um die Integration mit dem Islam bedeutet damit weniger eine Reduzierung von Integrationspolitik auf Sicherheitspolitik, das Thema Islam hat sich aber vielmehr als Bindeglied zwischen Integrationspolitik und Sicherheitspolitik etabliert, „der Islam ermöglicht eine Andockung an Sicherheitsdiskursen".

In der Folge hat die Sicherheitspolitik die Debatte stärker dominiert, andere Themen aber auch nicht vollkommen überdeckt.[95]

---

95 Diese Interpretation der Gesprächspartner ist kompatibel mit der Analyse der Protokolle des Deutschen Bundestages in Halm, Dirk/Martina Liakova/Zeliha Yetik. Zur Wahrnehmung des Islams und der Muslime in der deutschen Öffentlichkeit 2000-2005. In: Zeitschrift für Ausländerrecht und Ausländerpolitik 5-6/2006, S. 199-206. Hier wird ein massives Anwachsen der rein quantitativen Auseinandersetzung im Parlament mit dem Islam und den Muslimen konstatiert, die zum Gutteil der Sicherheits- und Terrorismusdebatte geschuldet ist. Dies kann so interpretiert werden, dass die „Bindegliedfunktion" des Islams für die Themen Sicherheitspolitik und Ein-

## 5.2 Integrationspolitik

Punktuell kann diese Verbindung ausgesprochen problematische Effekte im Sinne einer Eigendynamik zeigen, wie etwa in Zuge der Absetzung der Idomeneo-Inszenierung der Deutschen Oper in Berlin 2006, die in keiner Weise durch tatsächliche gesellschaftliche Konflikte gerechtfertigt, sondern von der Furcht vor einem letztendlich aus dem internationalen System antizipierten „Kampf der Kulturen" motiviert war. Ein Experte:

> Das beste Beispiel ist da ja wirklich diese absolut absurde Operndiskussion, die wirklich nichts mit uns zu tun hatte, wo wirklich niemand gefordert hatte, die abzusetzen. Und trotzdem war es plötzlich ein „Kniefall vor den Muslimen". Das ist vollkommen verrückt. Das ist eben das Verheerende, dass diese Trennung zwischen den globalisierten Konflikten, die auch religiös aufgeladen werden, und der ganz anderen Erfahrung hier nicht gelingt.

Medienberichterstattung kann insbesondere auf bundespolitischer Ebene primärer Anlass für politisches Handeln werden.

Die drei Schwerpunkte der Islamkonferenz des Bundesinnenministers – Sicherheit, gesellschaftliche Integration und Einbeziehung des Islams in die deutsche Verfassungsordnung – belegen grundsätzlich die mehrdimensionale Wahrnehmung des Themas durch die deutsche Politik. Dabei besteht aber latent die Gefahr einer ordnungspolitischen Schlagseite der Debatte, begründet in der Zuständigkeit des Innenministers für die Islamkonferenz, die wiederum in der Zugehörigkeit von zwei der drei Oberthemen des Gipfels – Sicherheit und Integration des Islams in die Verfassungsordnung – zum Innenressort wurzelt. Der Bundesinnenminister bezeichnete den islamistischen Terrorismus als wichtigen Ausgangspunkt für die Einberufung der deutschen Islamkonferenz.[96] Regionale Islamkonferenzen fokussierten entsprechend stärker Fragen der sozialen Integration der Muslime abseits der ordnungspolitischen Debatte.

---

wanderung hauptverantwortlich für die häufigere Befassung des Bundestages mit den Muslimen gewesen ist.

96 Schäuble, Wolfgang: The German Conference on Islam. In: Turkish Policy Quarterly, Winter 2006/07, S. 15-21, hier S. 16.

Bei der Deutschen Islamkonferenz können ordnungspolitische Diskurse im Gewand von Wertedebatten daherkommen. Säkularität wird seitens der deutschen Politik nach Einschätzung der Experten – auf Bundes-, Landes- wie auf lokaler Ebene – als wichtige Voraussetzung für eine erfolgreiche Integration des Islams definiert, wobei nach ihrer Ansicht mitunter Säkularität mit politischer Enthaltsamkeit verwechselt wird. Sie bestätigen damit einen gleichlautenden Befund der bisherigen Forschung. Es besteht eine teilweise Skepsis der deutschen Gesellschaft gegenüber politischer Aktivität von Muslimen. Dies kann zu der paradoxen Situation führen, dass eher gesellschaftlich passive islamische Organisationen wie etwa DITIB, die als mit dem türkischen Staat verbundener Verband sich politischer Betätigung in Deutschland weitgehend enthält, als integrationswirksamer wahrgenommen werden als im Sinne der Zuwandererintegration gesellschaftspolitisch aktive Vereine und Verbände:

[... Es] wird eben halt auch von Erfahrungen berichtet, gerade von den muslimischen Gemeinschaften, dass interessanterweise diejenigen, die sich gesellschaftspolitisch aktiv verhalten, z.B. in der Jugendarbeit, am ehesten unter Generalverdacht stehen, während Vereine, die relativ religiös parallel leben [...] als vergleichsweise integrationsfreundlich dastehen. [...] die DITIB-Imame unterliegen nach wie vor dem Rotationsprinzip und [...] haben relativ wenig Ahnung über das gesellschaftliche System und beherrschen die Sprache nicht, und sind von daher gar nicht groß in der Lage, gesellschaftliche Anforderungen auch zu übernehmen. [...] es gibt eben schon innerhalb auch der Muslime, auch innerhalb der Einwanderer-Communities eine Vorstellung von einem bestimmten Rollenspiel zwischen Religion und Islam, die meines Erachtens ziemlich künstlich ist. [...] Die Islamdebatte wird natürlich sehr, sehr stark auch geprägt durch Debatten innerhalb der einzelnen Herkunftsländer, und gerade halt eben die Auseinandersetzung um die AKP und die Frage halt, wie entwickelt sich der Laizismus in der Türkei, die ganze zentrale Kopftuchfrage. Das sind schon Dinge, die auch viel mit der Politik in den Herkunftsländern zu tun haben.

Dieses Dilemma ist auch den anderen Experten durchaus bewusst, ohne dass sie es aufzulösen vermögen, da sie von großen Informationsdefiziten und fehlenden effektiven Kontaktwegen zur muslimischen Community insgesamt ausgehen. Ein großer Teil der politischen Akteure hat aber nach Einschätzung der Experten zumindest internalisiert, dass die Auseinandersetzung um die Integration des Islams zu einer Debatte um echte Partizipation geworden ist – deren Teilnahmebedingungen aber von der Aufnahmegesellschaft definiert werden und die die aufnahmegesellschaftspolitischen Akteure aktiv definieren wollen.

### 5.2.2 Wahrnehmung der Muslime als politische Akteure

Die Deutsche Islamkonferenz kann als ein Beitrag zur Anerkennung der Muslime als politische Akteure verstanden werden, unabhängig davon, wie diese neuen Akteure ihre Interessen schließlich durchzusetzen verstehen. Tendenziell unterstützt sie aber die Anerkennung legitimer politischer Interessen der Muslime auf Bundesebene. Seitens der deutschen Politik wird aber teilweise eine noch entschiedenere Abgrenzung der Muslime von Gewalt und Terrorismus erwartet als sie bisher erfolgt ist und ein noch stärkeres Vorgehen gegen die terroristische Instrumentalisierung des Islams.

So weit die sunnitischen Verbände angesprochen sind, hat die Debatte um die Integration des Islams in den letzten Jahren ein Gegengewicht zur durch die Terrorismusdebatte ausgelösten, verstärkten gegenseitigen Profilierung und Konkurrenz gebildet und einen wichtigen Impuls zur Zusammenarbeit gegeben – dies kommt etwa im schon im Vorfeld der Islamkonferenz auf den Weg gebrachten „Koordinierungsrat" von Zentralrat der Muslime, Islamrat, DITIB und VIKZ zum Ausdruck. Die im Forschungsstand formulierte Hypothese eines möglichen Auseinanderdriftens des Islams aufgrund einer „Abgrenzungskonkurrenz" von Gewalt und Terrorismus gilt aber nach Expertenmeinung umso mehr für die Sunniten einerseits (die untereinander aber stärker zusammenrücken) und das Alevitentum andererseits. Mit Blick auf die Aleviten geht diese Entwicklung einher mit Glaubensfreiheit und einem neu geweckten Selbstbewusstsein der Aleviten in der Migration, was die Emanzipation so weit begünstigt, dass sie nun die Zugehörigkeit zum Islam überhaupt diskutieren, von selbst, nicht aufgrund der Ablehnung durch den sunnitischen Islam. Der 11. September 2001 und die ihm folgenden Terroranschläge haben auch insofern die Organisationen des sunnitischen Islams tendenziell einander näher gebracht, als der Druck auf die als islamistisch wahrgenommenen Organisationen wie Milli Görüs deutlich gewachsen ist und mitunter moderatere Haltungen eingenommen werden. Mitunter versuchen Vertreter von Milli Görüs auch durch Doppelmitgliedschaften, insbesondere bei DITIB, im Gespräch mit der Aufnahmegesellschaft zu bleiben. Es kann also nicht davon die Rede sein, dass – anders als der Forschungsstand nahe legt – mittelfristig nach dem 11. September 2001 eine Abgrenzungskonkurrenz vom Terrorismus Spaltungserscheinungen zumindest im sunnitischen Islam verschärft hätte.

Die Bedeutung dieser Neupositionierungen steht aber aus Sicht einiger deutscher Experten unter dem Vorbehalt eines sich abzeichnenden Bedeutungsverlustes der (sunnitischen) Verbände für das Gemeindeleben in Deutschland. Eine Aufwertung der traditionellen Verbände durch die Einladung zur Islamkonferenz ist nur vordergründig, da die Konferenz weniger das Gespräch mit „dem Islam" als vielmehr „mit Muslimen" sucht und sich die Bedeutung der Verbände im Verlauf der Islamkonferenz relativieren könnte. Das gesellschaftspolitische Engagement von Muslimen findet auf lokaler Ebene vermehrt in jungen, verbandsunabhängigen islamischen Vereinen oder Initiativen statt, die etwa in Berlin bereits über die Hälfte der Moscheegemeinden stellen. Pluralisierung des Islams, auch in organisatorischer Hinsicht, widerspricht damit nicht der Kooperation und Vernetzung mit der Aufnahmegesellschaft, im Gegenteil können sich neue Zugangsmöglichkeiten zu neuen, weniger landsmannschaftlich geschlossenen Gruppen ergeben. Allerdings gilt dies nicht für die regionale oder die Bundesebene, wo die effektive Interessendurchsetzung gemeinsame verbandliche Strukturen zur Voraussetzung haben sollte. Doch kann die Forderung nach einer gemeinsamen Vertretung der Muslime für die deutsche Politik auch zum Vorwand werden, politische Partizipation von Muslimen nicht zu befördern. Folgende Überlegung illustriert diese mögliche Strategie:

## 5.2 Integrationspolitik

> Der deutsche Staat oder die Landesregierungen suchen natürlich nach Ansprechpartnern. Aber ich denke, die denken in deutschen Strukturen, die in der Bundesrepublik existieren. Diese Strukturen kennt aber der Islam nicht, d.h. zwischen Gott und dem Menschen gibt es im Islam in dem Sinne, wie wir eine Institution im Christentum haben, diese Institution nicht. […] Es gibt ja in der Bundesrepublik 42, glaube ich, die Zahl kann auch 41 oder 34 sein, aber um die 30, 40 anerkannte Körperschaften des öffentlichen Rechts im Religionsbereich, also Kirchen, jüdische Gemeinde, aber es gibt ja viele kleinere Kirchen und Weltanschauungs- und Religionsgemeinschaften, die als Körperschaft des öffentlichen Rechts anerkannt sind. Wenn es aber um Islam geht, merke ich, dass der Staat einen Ansprechpartner versucht zu erzwingen, […] was, ich denke, ein Fehler ist. Wahrscheinlich kann man noch nicht genau wissen, wie sich diese ganze Sache entwickelt, weil es hat ja dann später mit Geldforderungen zu tun, natürlich Staatsverträge und, und, und.

Generell geht die Forderung nach einem einheitlichen Ansprechpartner der Muslime für die deutsche Gesellschaft also insoweit fehl, als sie die die grundsätzlich plurale Struktur des Islams übersieht.

Einige Experten verstehen die muslimischen Verbände in ihrer heutigen Form bzw. ihr Personal als klares Übergangsphänomen. Diese Einschätzung folgt aber nicht aus der Beobachtung des Bedeutungszuwachses verbandsunabhängiger Gemeinden (in denen nicht per se geringeres Islamismusrisiko gesehen wird als in den verbandsabhängigen), sondern aus den in den Gemeinden und Verbänden stattfindenden Generationenkonflikten, die mittelfristig zu einer Erneuerung von Strukturen und Personal führen.

Somit stellt sich ein Dilemma, das nach Meinung der Experten seitens der politischen Akteure insgesamt kaum als solches erkannt zu werden scheint und nicht thematisiert wird: Eine zunehmende Komplexität der muslimischen Community könnte bestehende Probleme der fehlenden Vertretung – die nicht existente „Telefonnummer des Islams", an die Politik sich wenden kann – eher verschärfen als beheben. Stattdessen wird immer wieder betont, dass mit einem – zumindest sunnitischen – deutschen Dachverband der Muslime wichtige Voraussetzungen für politische Partizipation verbunden sind.

Offen ist, inwiefern die von der deutschen Politik formulierten Zentralisierungsforderungen nicht auch zur Marginalisierung emanzipatorischer Glaubensrichtungen führen können. Der Koordinierungsrat vereinigt zunächst vier eher konservative Verbände, die damit eine höhere Vertretungskompetenz gegenüber deutschen Stellen reklamieren können[97], während die deutlich reformorientierten Muslime für Politik und Gesellschaft schwer kenntlich werden und kaum zu erreichen sind.

Wo Engagement der Muslime auch für gesamtgesellschaftliche Belange stattfindet, ist dies – anders als im Forschungsstand referiert – schwerlich als Versuch einer „diskursiven Assimilation" zu werten, sondern in der Regel als ehrliche Integrationsanstrengung. Es ist insbesondere wichtig, geeignete Aktionsforen zu schaffen, in denen gemeinsame Integrationsanstrengungen möglich und sinnvoll sind – auch dies macht die Notwendigkeit „diskursiver Assimilation" redundant:

> Es gibt ein unglaublich gutes Beispiel eben, nämlich der berüchtigte 1. Mai in Kreuzberg. Das ist der Welttag der autonomen Randale und 2001/2002 stellte man erstmals fest, dass neben den alt gewordenen Linken auch die ersten türkischen und arabischen Jugendlichen mitmischten. Und daraufhin hat es dann Initiativen gegeben, [...] auch ganz gezielt mit den muslimischen Communities ins Gespräch zu kommen. Ein Ergebnis war, dass das Freitagsgebet vor dem 1. Mai unter dem Thema stand „Eltern, passt auf Eure Kinder auf. Wer einen Stein auf einen Polizisten wirft, der landet im Gefängnis". Was mir wieder gezeigt hat, [...] dass die Muslime eben [...] eine gewisse gesellschaftspolitische Kraft sind.

Die Kompetenz der deutschen Politik und Verwaltung in der Islampolitik wird durch die Experten unterschiedlich eingeschätzt. Einerseits besteht der Eindruck, dass die Kompetenz im Umgang mit kultureller und religiöser Differenz in den letzten Jahren nachhaltig gewachsen ist. Das Wissen der politischen Akteure auf den unterschiedlichen Ebenen ist in den letzten Jahren insbesondere dadurch merklich gestiegen, dass sie das

---

97 So die Befürchtung der islampolitischen Sprecherin der SPD-Bundestagsfaktion Lale Akgün (Berliner Zeitung, 12.04.2007: „Bedenken gegen Kooperation islamischer Verbände" von Kerstin Krupp).

immer bedeutender werdende Feld der Integrationspolitik besetzen wollen und hierfür auch Kompetenz beim Thema Islam unverzichtbar geworden ist. Eine alternative Argumentationslinie stellt demgegenüber heraus, dass insbesondere bei der Einschätzung der unterschiedlichen islamischen Organisationen, ihrer politischen Ziele, ihrer Verankerung in der muslimischen Community usw. auf deutscher Seite noch große Unsicherheit besteht, die mitunter so weit geht, dass sie aktivem Handeln im Wege stehen kann. In der Folge werden oftmals falsche Ansprechpartner gewählt und über Gebühr salonfähig gemacht. Besonders in der Kommunalpolitik kommt den persönlichen Beziehungen der Akteure oft große Bedeutung zu, ohne dass mit intensiven Kontakten tiefer gehendes Wissen der deutschen Akteure über Strukturen der muslimischen Community verbunden sein muss. Im Umkehrschluss kann die aufnahmegesellschaftliche Forderung nach einer Alleinvertretung der Muslime schlicht eine Reaktion auf die fehlende Orientierung innerhalb des heute bestehenden Organisationengeflechts sein.

Die fehlende Repräsentation von Muslimen in deutschen Parteien und Verwaltungen spricht insgesamt eher gegen eine durchgreifend gewachsene Kompetenz der Aufnahmegesellschaft beim Thema Islam. Auf kommunalpolitischer Ebene ist je nach Situation und Personal vor Ort von sehr unterschiedlich großer Kompetenz beim Thema Islam und Muslime auszugehen.

Mitunter ist die politische Befassung mit dem Thema Islam durch Aktionismus gekennzeichnet. Muslimische Forderungen nach Partizipation und Gleichbehandlung erfordern von der deutschen Seite einen Klärungsprozess, wer als Ansprechpartner auf muslimischer Seite gelten kann. Zentrale Bedeutung haben für die deutschen Akteure hier nach wie vor die Verfassungsschutzberichte des Bundes und der Länder, auf deren Grundlage Milli Görüs in der Regel nicht als Gesprächspartner anerkannt wird. Bei diesem Thema sind allerdings graduelle Veränderungen über die Jahre feststellbar. So hat der 11. September 2001 viele Gesprächspartner auf der kommunalen Ebene erst für die Tatsache sensibilisiert, dass Milli Görüs seit Jahren schon unter Beobachtung des Verfassungsschutzes gestanden hatte, worauf Vorbehalte sich deutlich ausweiteten. Inzwischen ist der Verband, trotz Beobachtung, über den Islamrat in der Deutschen Islamkonferenz repräsentiert, während die Vorbehalte zahlreicher Akteure dessen ungeachtet fortbestehen.[98]

Auf kommunaler Ebene können weitere – recht beliebige – Kriterien hinzukommen, wer als Gesprächspartner Akzeptanz findet. Dies kann sich auf inhaltliche Merkmale beziehen – Säkularität und islamische Dominanzansprüche werden häufig genannt –, aber auch auf Formfragen – inwiefern sind Organisationen demokratisch verfasst oder befolgen die Spielregeln des demokratischen Systems. Diese Kriterien werden mitunter genannt, mitunter aber auch abgelehnt, abgelehnt dann, wenn Akteure (selten) eine sehr pragmatische Leitlinie vertreten.

Die Ablehnung von Milli Görüs als Gesprächspartner durch die Politik wirkt übrigens auch im interreligiösen Dialog fort, wenn interreligiöse Foren mit staatlicher (finanzieller) Unterstützung durchgeführt werden, bei denen dann seitens der kirchlichen Akteure wiederum auf die Einladung von Milli Görüs verzichtet wird.

Wenn Versuche einzelner muslimischer Gruppen, sich rechtliche Gleichbehandlung einzuklagen, zu einem Gutteil für die Entstehung einer deutschen Islampolitik verantwortlich waren, so besteht auf deutscher Seite doch teilweise Unbehagen über die große Bedeutung, die auf dieses Weise „symbolische" Auseinandersetzungen – um Kopftuch oder Schächten – bekommen können, da der Blick auf viel bedeutendere Fragen des Zusammenlebens verstellt werden kann. Mit diesem Unbehagen korrespondiert die Wahrnehmung vieler muslimischer Akteure als bei der Öffentlichkeitsarbeit eher passiv, sobald es eben nicht um die ge-

---

98  Wie stark die Mitgliedschaft bei der IGMG oder auch nur der bloße Verdacht von Verbindungen zu ihr als Ausschlusskriterium dafür gilt, ob jemand als Gesprächspartner der Politik anerkannt wird und Chance auf eine konstruktive Auseinandersetzung mit seinen Anliegen besteht, zeigt etwa der Fall der in München-Penzberg 2007 geplanten Islam-Akademie. Nachdem der Hauptakteur und die Gemeinde, der er vorsaß, sich auch in den Augen der Kommunalpolitik über Jahre als ausgesprochen liberal, dialog- und integrationsorientiert, ja gar emanzipatorisch etabliert hatte, führten Berichte über Verbindungen der Gemeinde zur IGMG – und nur diese Berichte – unmittelbar zu einer stark ablehnenden Diskussion des Projektes (siehe Frankfurter Allgemeine Zeitung, 27.08.2007: „Der Imam von Penzberg", von Albert Schäffer).

nannten symbolträchtigen Auseinandersetzungen geht, was das Wecken von Verständnis für ihre Belange in der Aufnahmegesellschaft erschwert. Unter diesen Bedingungen tun sich auch Politiker eher schwer, für die Muslime Partei zu ergreifen.

Der Umstand der primären Herkunft deutscher Muslime aus der Türkei kann von aufnahmegesellschaftlichen Akteuren als für die Integration begünstigender Faktor aufgefasst werden, da ihnen eine säkulare bzw. laizistische Tradition zugeschrieben wird.

Der politische Konsens über Notwendigkeit der rechtlichen und gesellschaftlichen Integration des Islams – unabhängig davon, wie diese konkret auszugestalten wäre – hat dazu geführt, dass die deutschen politischen Akteure ein dualistisches Bild eines „Reformislams" in Abgrenzung von einer islamistischen Richtung propagieren, wobei es dann eben um die Förderung der reformerischen Richtung gehen muss. Dieses Bild ist im aktuellen Islamdiskurs weit verbreitet, es ist aber ungewiss, ob es auch in empirischer Hinsicht angemessen ist, also die realistischen Alternativen aufzeigt.

### 5.2.3 *Strategien*

Zwischen den politischen Parteien bestehen große Unterschiede in der Fähigkeit, eine tatsächlich langfristig orientierte, strategische Integrationspolitik zu betreiben, die einer der Experten wie folgt definiert:

> [...] man soll eine Gesellschaft ja nicht mit einer Maschine vergleichen, aber wenn alle Rädchen sich gleichzeitig in einer bestimmten Richtung drehen, dann wird es einen Output geben. Wenn aber in einem Bereich nichts passiert, dann kann man im anderen Bereich noch so viel machen [...] ganze Schulklassen von Hauptschülern haben keine Perspektive auf dem Arbeitsmarkt. Da können wir am Bildungssystem noch so viel verändern, wir werden das nicht lösen. Dieses wiederum hängt aber auch damit zusammen, dass wir [...] Klassen haben, wo 30, 40% der Schüler eine Duldung haben, die wiederum aus rechtlichen Gründen nicht in die Ausbildung dürfen. Das heißt, auch dort müssen wir etwas verändern. Und diese Prozesse, da wir 20

Jahre lang nichts gemacht haben, haben diese Prozesse die Familien zerstört, d.h. wir müssen Krisenintervention, Krisenmanagement machen. Alle diese Dinge müssen wir gleichzeitig machen. Und da ist strategisches Handeln eben notwendig.

Wichtige Grundlagen für eine kohärente strategische Politik sind an der Wende zum Jahr 2000 geschaffen worden, die primär daraus gefolgt sind, dass erstmalig zumindest ein partieller Konsens über den Charakter Deutschlands als Einwanderungsland erzielt worden war. Von dieser Basis aus haben die politischen Parteien die Möglichkeiten zur Entwicklung einer strategischen Integrationspolitik unterschiedlich intensiv genutzt – auf Bundesebene erweist sich insbesondere die CDU als noch kaum handlungsfähig. Diese Einschätzung der Interviewpartner schien sich im Jahr 2007 zu bestätigen, denkt man etwa an den Boykott der Integrationskonferenz der Bundesregierung durch mehrere Migrantenverbände, der, wie auch immer er im Detail beurteilt wird, sicher auch Ausdruck schlechter Kommunikation zwischen Bundeskanzleramt, einschließlich der ebenfalls der CDU angehörenden Integrationsbeauftragten Maria Böhmer, mit den Migrantenorganisationen war sowie ebenfalls die Unzufriedenheit der Migranten mit einer als inkohärent wahrgenommenen Politik – zwischen Verschärfung des Zuwanderungsrechts einerseits und der Bekundung des Willens zur Erleichterung der Integration andererseits – geschuldet gewesen sein dürfte. Von der Parteipolitik unabhängig ist die Politik in den Ländern sehr unterschiedlich kohärent, wobei sich Nordrhein-Westfalen (auch unter christlich-liberaler Regierung) und Berlin als Protagonisten auf diesem Feld erweisen.

Im kommunalpolitischen Bereich setzt die Fähigkeit zu strategischer Integrationspolitik die Existenz entsprechender Verwaltungsstrukturen voraus. So ist die Einrichtung entsprechender Ämter mit klar festgelegten Kompetenzen im Verwaltungsprozess der Einsetzung von Integrationsbeauftragten überlegen, die oft nur indirekt Einfluss nehmen können.

Unabhängig von der grundsätzlichen Fähigkeit zu einer strategischen Orientierung der Integrationspolitik bei den unterschiedlichen Akteuren bleiben Politikfelder, die unmittelbar Sorgen und Ängste der Bevölkerung berühren – was bei der Islampolitik der Fall ist – anfällig für

Ad-hoc-Maßnahmen, die ungünstigstenfalls im Widerspruch zu langfristigen Strategien stehen können. Die deutsche Islamkonferenz kann als Prozess verstanden werden, der ergebnisoffen angelegt ist und in dem die Beteiligten nicht unbedingt strategisch handeln, aber zumindest ein Forum für ihre Positionen bekommen. Eine Lesart der Einberufung der Islamkonferenz ist, dass der zeitgleich stattfindende Integrationsgipfel der Bundergierung eben vom sehr kontroversen, aufgrund der politischen Aktualität von „Ad-hoc-Maßnahmen" anfälligen Thema Islam freigehalten werden sollte.

Ein wichtiges Motiv des Bundesinnenministeriums bei der Einberufung der Deutschen Islamkonferenz war die Vorstellung, durch Arrangements mit den Muslimen Gewaltpotentiale isolieren zu können. Diese Einschätzung wird unterstrichen durch Wolfgang Schäubles Appell an die muslimischen Organisationen im Anschluss an die vereitelten Anschläge auf amerikanische Einrichtungen in Deutschland im September 2007, Terrorverdächtige „den Sicherheitsbehörden zu melden"[99].

Voraussetzung hierfür ist die Bildung gegenseitigen Vertrauens, auf dessen Grundlage auch andere Integrationsprobleme jenseits der Sicherheitsfrage letztendlich in einem neuen Klima behandelt werden sollten. Insofern ist die Deutsche Islamkonferenz von Seiten des Bundesinnenministeriums durchaus Ergebnis strategischen Vorgehens, das sich durch Zeitplanung, interne Abstimmungsprozesse, Kommunikationskonzepte und Weiteres auszeichnet – was nicht gleichbedeutend mit der zwangsläufigen Umsetzung einer Strategie über den kompletten Zeitraum von drei Jahren ist. Diese strategische Qualität politischen Handelns ist nicht selbstverständlich, und hängt von der jeweiligen Hausleitung ab. Das Bundesinnenministerium unter der Leitung Wolfgang Schäubles wird als in hohem Maße fähig zu strategischer Orientierung und taktischem Handeln eingeschätzt.

---

99 „Das ist Muslim- und Bürgerpflicht". Bericht von Dirk Graalmann und Annette Ramelsberger in der Süddeutschen Zeitung vom 10.09.2007.

Die Förderung einer einheitlichen Vertretung der Muslime ist ebenfalls ein zentrales islampolitisches Ziel der Bundesregierung[100], das nicht nur eine strategische, sondern auch eine deutliche taktische Qualität hat, in dreierlei Hinsicht. Erstens würde die Schaffung eines einheitlichen Ansprechpartners, der auch die Voraussetzungen einer Körperschaft des öffentlichen Rechts erfüllt, in einen deutlich „domestizierten" Islam münden, der zuvor im Sinne der deutschen Rechtsordnung problematische Strömungen ausgegrenzt hätte.

Der Verwirklichung dieser Zielsetzung steht eine gegenläufige Entwicklung entgegen, die mit der Formierung eines einheitlichen Ansprechpartners einhergeht. Mit der Vereinigung der vier großen Verbände im Koordinierungsrat hat sich zunächst eine Plattform des konservativen Islams formiert, was, sollte diese Plattform – rein theoretisch – als Alleinvertretung durch die Aufnahmegesellschaft und Politik anerkannt werden, einer Ausgrenzung emanzipatorisch orientierter Muslime gleichkäme. Dem Ziel, die Remformierung des Islams zu fördern, wäre so also kaum gedient, im Gegenteil.

Innenminister Schäuble bemerkt zu dieser (möglichen) Entwicklung:

> In dem Moment, wo sie die Vielfalt schwächen oder gar die Islamisten stärken würde, wäre es eine schlechte Idee. Dass das nicht so wird, will die Islamkonferenz erreichen.[101]

Die Alternative zu einer solchen Entwicklung wäre nach Einschätzung der Experten – und sie sehen hierin auch eine möglicherweise bewusste Strategie des Innenministeriums – die als eher emanzipatorisch eingeschätzten, nicht in den traditionellen Verbänden organisierten Muslime dazu zu zwingen, sich zusammenzuschließen, um den etablierten Konservativen das Feld streitig zu machen, das sie nach dem Zusammen-

---

100 Bundesinnenminister Wolfgang Schäuble hat sich mehrfach entsprechend eingelassen, vgl. Frankfurter Allgemeine Zeitung, 11.04.2007, S. 1: „Islamischer Dachverband gegründet", von Christoph Erhardt.
101 Bundesinnenminister Wolfgang Schäuble im Interview mit Eckart Lohse und Markus Wehner, Frankfurter Allgemeine Sonntagszeitung vom 22.04.2007.

## 5.2 Integrationspolitik

schluss zu einem Dachverband noch stärker als zuvor zu dominieren drohen. Ein Experte:

> Ich glaube, er [Wolfgang Schäuble] will einen Selbstbewusstwerdungsprozess in der islamischen deutschen Bevölkerung oder der in Deutschland lebenden muslimischen Bevölkerung – wer vertritt euch eigentlich? Und die, die vorgeben, euch zu vertreten, sind die legitimiert?

Der Innenminister weist der Deutschen Islamkonferenz also eine durchaus zentrale Bedeutung auch für die organisatorische Entwicklung eines deutschen Islams zu. Die Konferenz hat nach dieser Lesart auch eine Kontrollfunktion über die organisatorische Entwicklung des Islams und seine theologische und gesellschaftspolitische Ausrichtung.

Zweitens hält das Beharren auf der Schaffung einer einheitlichen Vertretung der Muslime eine Hintertür auf, das potenzielle Scheitern von Islampolitik – und damit das Scheitern der gesellschaftlichen Integration der Muslime – zu rechtfertigen.

Äußerungen von Bundesinnenminister Wolfgang Schäuble deuten darauf hin, dass das Innenministerium die Messlatte für eine akzeptable Repräsentanz der Muslime hoch legt: Der Koordinierungsrat der Muslime, der nach seiner Einschätzung mit 300.000 Gläubigen etwa 10% der deutschen Muslime vertritt, konnte im April 2007 noch nicht als kompetenter Vertreter aller Muslime gelten.[102] Im Laufe der nationalen Islamkonferenz formuliert Schäuble seine Forderungen an die einheitliche Repräsentanz aller Muslime als Voraussetzung für ihre rechtliche Integration zudem immer deutlicher. So heißt es zum Auftakt der zweiten Sitzung der Islamkonferenz am 2. Mai 2007 bereits:

> Wenn sie ähnliche Rechte haben wollen wie die Kirchen in Deutschland, dann müssen sie nach unserem Verfassungsrecht in Deutschland sich auch organisieren.[103]

---

102 Bundesinnenminister Wolfgang Schäuble im Interview mit Eckart Lohse und Markus Wehner, Frankfurter Allgemeine Sonntagszeitung vom 22.04.2007.
103 Innenminister Schäuble gegenüber der Nachrichtenagentur AP am 02.05.2007.

Drittens verspricht das Drängen auf eine einheitliche Repräsentanz nach Expertenmeinung eine Homogenisierung des Islams insofern, als ethnische Segregationslinien in der deutschen Gesellschaft zurückgedrängt werden und lediglich religiöse Segregation bestehen bleibt, was als Beitrag zur Kohärenz von Gesellschaft verstanden werden kann. Die Kulturalisierung des Integrationsdiskurses, aus der die wachsende Bedeutung des Themas Islam folgt, kann der deutschen Politik insofern gelegen kommen, als sie von harten politischen Themen wie Ressourcenverteilung und (ökonomischer) Chancenungleichheit ablenkt – in Deutschland sind auch dutzende unterschiedlicher christlicher Gemeinschaften als öffentliche Körperschaften anerkannt – deren Bedeutung den Akteuren der Islamkonferenz aber dessen ungeachtet bewusst ist. Hier besteht also eine Art Paradoxon, da Partizipation die Auseinandersetzung auch mit kultureller und religiöser Differenz einerseits erfordert, eine solche Auseinandersetzung andererseits aber die Verteilungsdebatte erschwert und verklärt. Unter günstigeren Voraussetzungen (auch ökonomischer) Ressourcenverteilung wiederum stünde auch zu erwarten, dass kulturelle Differenz leichter bearbeitbar wird,[104] dieser Ansatz steht aber eben nicht im Zentrum der Diskussion.

Weniger bedeutend, aber durchgängig präsent sind Vorstellungen der deutschen Politik in Richtung einer Europäisierung des Islams – im Sinne der Etablierung transnationaler europäischer Netzwerke als Alternative zu als integrationsfeindlich wahrgenommen Netzwerken mit den Herkunftsländern, wobei insbesondere der deutschen Sprache bzw. den Sprachen der Aufnahmeländer eine entscheidende Bedeutung zukommt. Die Nutzung der deutschen Sprache emanzipiert die muslimischen Communities zwangsläufig von den Herkunftsländern und kann damit die Verselbständigung der theologischen Entwicklung in Europa fördern.

Insgesamt besteht heute eine Situation, in der der Islam Partizipationsrechte dem deutschen Staat eher abtrotzt als dass er sie wohlwollend

---

104 Entsprechend auch der sozialpsychologische Forschungsstand; vgl. Pettigrew, Thomas/Linda Tropp: Does intergroup contact reduce prejudice? Recent meta-analytic findings. In: Stuart Oskamp (ed.): Reducing prejudice and discrimination. Mahwah 2000, S. 93-115.

gewährt bekommt. Es bestehen seitens des deutschen Staates aber auch sehr deutliche (sicherheitspolitische) Interessen an einer Zusammenarbeit mit den Muslimen, etwa mit Blick auf die Terrorismusbekämpfung. Das durch den Islam gestärkte gesellschaftspolitische Selbstbewusstsein der christlichen Kirchen ist in der Politik zudem nicht wirkungslos geblieben, die vermehrt Argumente der völkerrechtlichen Reziprozität von Religionsfreiheit aufnimmt – hier ergibt sich eine deutliche Verschränkung unterschiedlicher Diskurse.

## 5.3 Muslimische Verbände

### 5.3.1 Entwicklung der (organisierten) Religiosität

Ursachen für die wachsende Bedeutung der Religion für die Identität muslimsicher Zuwanderer liegen sowohl auf der weltpolitischen Ebene, die in den letzten Jahren innermuslimische Solidarität gegenüber „dem Westen" veranlasst, als auch in der Tatsache, dass Religion und Tradition gerade für viele Jugendliche eine der wenigen zur Verfügung stehenden Ressourcen sind, die zur Entwicklung eines positiven Selbstbildes herangezogen werden können. Zudem kommen in einem seit dem 11. September 2001 kulturalisierten gesellschaftlichen Diskurs um Identitäten Zuschreibungen von Außen immer stärker zum Tragen, die ohne Intention der Muslime zur Konstruktion von Differenz beitragen – wem ständig sein vermeintliches „Anders-Sein" vor Augen geführt wird, setzt sich in größerem Maße mit seiner Identität auseinander als ohne dies. Ein Experte formuliert es wie folgt:

> Selbst am Ende eines erfolgreichen Integrationsprozesses werden wir hier in Deutschland nicht als vollwertige Deutsche anerkannt, das ist das Problem. Man bezeichnet uns dann immer noch als Türke mit deutschem Pass zum Beispiel. Und das ist, glaube ich, das muss der deutschen Seite klar werden. Und diese Zurückweisung führt dazu, weil ich erlebe das auch im Gespräch mit Jugendlichen, [...] die sagen aber, egal was du machst, für die Deutschen bist du doch immer noch der Türke. Das ist so der Eindruck, diese Zurück-

weisung, das führt dann dazu, dass diese Jugendlichen sich dann halt eine Nische oder ein Zuhause suchen, und das kann dann unter anderem auch Religion sein, wo die so ein Zusammengehörigkeitsgefühl haben, wo die sagen, ja, da werde ich nicht abgelehnt, das ist so meine Heimat und das ist meine Gruppe. [...] Für die muslimischen Migranten ist Religion das einzige Rückzugsgebiet.

Die wachsende Bedeutung religiöser Identität schlägt sich nicht in einem höheren Organisationsgrad in den Gemeinden nieder, erst recht nicht, analog zum Forschungsstand, in einem höheren Organisationsgrad in den verbandsangeschlossenen Gemeinschaften. Das Wegbleiben gerade junger Gläubiger von den Moscheen wird durch die befragten Experten mitunter offen bemerkt oder beklagt.

Für die Struktur- und Entwicklungsprobleme der herkömmlichen Verbände kommen zahlreiche Ursachen in Frage, die von zu starker Herkunftslandorientierung – die in der Folge zu einer mangelnden Betonung von Partizipation in Deutschland führen kann – bis hin zur bewussten Marginalisierung einzelner Verbände, wie Milli Görüs, durch die Aufnahmegesellschaft und den Staat reichen. Beides hindert mittelbar auch die aktive Beteiligung in den Gemeinden aus dem Motiv gesellschaftspolitischen Engagements und damit die Organisationsentwicklung:

> Ich sage mal, um aus den eigenen Verbandserfahrungen zu sprechen, es gibt eine Generation, die sich engagieren will im Verband, aber mit anderen Akzenten, also nicht so wie es die Väter und die Onkel vorgelebt haben, die ja diese Gemeinden gegründet haben und die auch die Verbände letztendlich im weitesten Sinne gegründet haben, sondern die aus einer Position der Mitte heraus in die Gesellschaft hineinwirken wollen und daraus dann auch, wenn es dann funktioniert, eine Bestätigung und auch ein neues Selbstwertgefühl schöpfen wollen.

Angesichts des ungebrochenen Bedürfnisses der Muslime nach religiöser Identität und Anbindung wächst das Potential für zu den herkömmlichen Verbandsstrukturen alternative islamische Organisationen und individuelle Möglichkeiten der Religionsausübung und der Auseinandersetzung mit dem Islam. Dabei betonen die den Verbänden fern stehenden Aktiven die stark plurale Qualität islamischer Glaubensformen. Es geht ihnen darum, den Islam „von Innen zu komplexifizieren".

Eine andere Entwicklung nimmt das Alevitentum, das, im Zuge der Renaissance dieser Religion in einer freiheitlichen Diaspora, noch einen starken Zulauf neuer Gemeindemitglieder sieht. Durchgängig bleibt die Organisation des Gemeindelebens aufgrund fehlender Ressourcen aber schwierig, die Heranführung der Vereinsmitglieder an aktives Engagement in den Gemeinden stößt auf viele zeitliche, finanzielle und Qualifizierungshindernisse. Dies ist zunächst eine schlechte Voraussetzung für mehr gesellschaftliche Partizipation und dafür, die Schlagkraft der Gemeinden und Verbände zu steigern, sei es durch die Gewinnung neuer Mitglieder, Öffentlichkeits- oder Lobbyarbeit.

In der Organisationsentwicklung sind wiederum die Aleviten Protagonisten einer Regionalisierung ihrer Organisationsstrukturen und passen sich mit inzwischen fünf Landesverbänden in die föderale Struktur der Bundesrepublik ein. Es besteht ein gewisser Druck von aufnahmegesellschaftlicher Seite zur Regionalisierung der Verbandsstrukturen, dem die Verbände im Sinne des Aufbaus nachhaltiger Strukturen aber nur langsam nachgeben können.

Die Frage der Regionalisierung der Verbandsstrukturen kann für die politische Integration des Islams zukünftig weitaus bedeutender werden als die Gründung eines gemeinsamen Dachverbandes. Denn viele Herausforderungen der rechtlichen Gleichstellung des Islams betreffen die Gesetzgebung der Länder, zuvorderst der islamische Religionsunterricht. In diesem Kontext deutet sich ein möglicherweise zukünftig nachhaltiger Bedeutungsverlust der bestehenden muslimischen Verbände an, nämlich indem unabhängige Akteure zu regionalen Zusammenschlüssen finden und sich als Ansprechpartner für die Landespolitik etablieren. Der Blick auf die regionale Ebene zeigt im Zuge des Bemühens um einen islamischen Religionsunterricht bereits (in der breiten Öffentlichkeit wenig wahrgenommene) Versuche der Kooperation islamischer Gemeinden (so im Rahmen der Schura Hamburg). In Niedersachsen wurde islamischer Religionsunterricht in Kooperation von Schulministerium und einem Runden Tisch, an dem die Verbände nur unter anderen beteiligt waren, auf den Weg gebracht. Die Bedeutung des Themas Regionalisierung wird auch dadurch unterstrichen, dass inzwischen Überlegungen zu regionalen Ablegern der Deutschen Islamkonferenz angestellt wurden. Im Zuge der Etablierung des Koordinierungsrates der Verbände DITIB, VIKZ, Islamrat und Zentralrat der Muslime ist nicht zuletzt auch die Schaffung einer regionalen Struktur von Ansprechpartnern des Rates vorgesehen.

Alle Spekulationen um einen eventuellen Bedeutungsverlust der traditionellen Verbände stehen aber unter dem Vorbehalt, dass in erster Linie sie es sind, die religiöse Infrastrukturen für das Gemeindeleben der meisten aktiven Muslime bereitstellen, vom Gottesdienst über weitere Zusammenkunftsmöglichkeiten, Pilgerfahrten, Geburten, Beerdigungen usw., was sie auch auf lange Sicht unverzichtbar machen sollte. Die oft von der Aufnahmegesellschaft angestellte Vermutung des Bedeutungsverlustes der muslimischen Verbände verkennt diesen Umstand.

Einflussnahmen auf die Tätigkeit der Verbände aus den Herkunftsländern bleiben für die Arbeit prägend, naturgemäß insbesondere bei DITIB, wobei Emanzipationsbemühungen, so bei den Aleviten, in den letzten Jahren intensiver geworden sind, was zum Teil zu deutlichen Spannungen innerhalb der Community führen kann.[105] Der Ausgang solcher Auseinandersetzungen wird auch bestimmen, inwieweit zu den bestehenden Verbänden alternative muslimische Organisationen weiter an Bedeutung gewinnen werden. Noch scheint die vor allem theologische Bindung der Verbände an die Entsendestaaten bei ihren Funktionären – und auch bei den hier befragten Experten aus den muslimischen Verbänden – eher positiv konnotiert, indem betont wird, dass man den Islam nicht von seinen Wurzeln entfremden dürfe, schon gar nicht als Reaktion auf die aufnahmegesellschaftliche Forderung nach der Entwicklung eines europäischen Islams:

> [...] es ist legitim, dass die islamischen Verbände ihre theologischen Wurzeln nicht verlieren. [...] Und man fordert von uns jetzt: „Jetzt entwickle mal einen europäischen Islam!" [...] Es ist also für uns eine sehr, sehr hohe For-

---

105 Cem-Stiftung und Alevitische Gemeinde Deutschlands tragen einen sich verschärfenden Konflikt über die zukünftige Orientierung des Alevitentums aus.

## 5.3 Muslimische Verbände

derung, dass wir unsere Wurzeln verleugnen und etwas Neues entwickeln. Entweder wissen sie nicht, was sie da sagen, oder sie möchten ja nur sich profilieren und wollen von dieser Diskussion profitieren. [...] Es ist ja nicht eine Maschine, es ist nicht eine wissenschaftliche Theorie, die man entwickeln kann, das ist eine Religion, das ist ein Religionsverständnis [...]

Empirisch gibt es nur wenige Anzeichen für die Entstehung eines solchen europäischen Islams; transnationale Kontakte zwischen den europäischen Diasporagemeinden sind der Ausnahmefall. Transnationale Projekte wie die „Islam in Europe Committee" das die transeuropäische Vernetzung der Muslime auch mit anderen Religionsgemeinschaften fördern will, sind „Leuchtturmprojekte" ohne echte Basisanbindung, was auch daran liegt, dass eine transnationale Qualität der anstehenden Integrationsaufgaben des Islams in den einzelnen Ländern von vielen Akteuren nicht erkannt wird. Die Einschätzung eines Verbandsvertreters:

[...] wir haben es immer noch nicht geschafft, innerhalb eines Landes diese Verbindungen zu schaffen und uns zu solidarisieren und uns gegenseitig zu beeinflussen. Es gibt Gespräche, es gibt Austausch zwischen den Religionsgemeinschaften in Deutschland. Ob dieser Austausch auf einer theoretisch fundierten Basis läuft, das kann ich noch nicht sagen. Mit den anderen europäischen Ländern haben wir eh kaum Kontakt.

Hier würde es europäischer politischer Impulse, etwa des EU-Parlaments bedürfen, um Vernetzung zu fördern. Diejenigen, die eine Struktur in Richtung Transnationalität aufweisen – wie Milli Görüs, die sich als paneuropäischer Verband versteht –, erkennen durchaus Parallelen im Partizipationsdiskurs um den Islam in den unterschiedlichen Aufnahmeländern, die den gegenseitigen Erfahrungsaustausch wertvoll machen können.

Möglicherweise hat dieser Befund damit zu tun, dass der deutsche Islam im Vergleich zu anderen europäischen Aufnahmeländern sehr stark von einer Herkunft – der türkischen – dominiert wird, während in Frankreich oder Großbritannien in größerer Zahl islamische Organisationen anzutreffen sind, die unterschiedliche Herkünfte integrieren und schon aus diesem Grund eine transnationale Prägung aufweisen.

Politische Konstellationen in den Entsendestaaten können mitunter direkt auf die Zusammenarbeit der Verbände vor Ort wirken. So hat etwa die Regierungsübernahme der (religiös-konservativen) AKP in der Türkei zu einer Mäßigung des (staatlichen) DITIB-Verbandes gegenüber den traditionell-orthodox orientierten Verbänden in Deutschland geführt. Das deutsche Vereinsrecht und die in ihm verankerte Notwendigkeit demokratischer Entscheidungsstrukturen in den Vereinen kann aber als „Puffer" gegen Einflussnahmen aus den Entsendestaaten wirken. Nicht selten treten Gemeinden inzwischen aus Verbänden aus oder wechseln die Verbände.

Theologisch manifestiert sich der Islam in der Migration und entsprechende Reformansätze – zumindest in der öffentliche Wahrnehmung – primär in der Auseinandersetzung um die Revision „vormoderner" Elemente – Es geht also um das Verhältnis von Scharia und Verfassungsstaat, d.h. Säkularität, Menschenrechte und Individualismus.[106]

Nach Durchsicht der Expertengespräche fällt auf, dass Auseinandersetzungen um eine Reform des Islams in Deutschland eben stark gesellschaftspolitische Implikationen islamischer Theologie aufgreifen, also nicht tief wurzeln. Dass sich die erkennbaren Reformbestrebungen im Islam hierauf beschränken, kann nicht verwundern angesichts der fehlenden akademischen Verankerung des Islams in Deutschland, die erst mit der Einrichtung eines Lehrstuhls für die „Religion des Islams" an der Universität Münster, bekleidet durch Muhammad Sven Kalisch, im Jahr 2004 langsam begonnen hat. Inzwischen sind weitere Lehrstühle in Osnabrück, Frankfurt am Main und Nürnberg gefolgt. Diese Situation nährt auf deutscher Seite möglicherweise wiederum Zweifel, ob die Modernisierungsversuche, die in gesellschaftspolitischen Standpunktpapieren der Muslime ihren Ausdruck finden, tatsächlich in der islamischen Religion, in ihrem Menschen- und Gottesbild, reflektiert werden.

---

106 Wichtige Ergebnisse dieser Diskussion sind: Scharia als Glaubensweg von Muslimen. Informationsblatt des Deutschen Islamforums 2006; Muslime in einer pluralistischen Gesellschaft. Grundsatzpapier der Schura Hamburg vom 18.04.2004; Islamische Charta des Zentralrats der Muslime in Deutschland 2003.

## 5.3.2 Veränderung des Tätigkeitsspektrums

Das partizipative Element von Integration und die „Gleichbehandlung" werden in den letzten Jahren durch die Verbände stärker betont als zuvor. Insbesondere DITIB, aber auch die alevitische Gemeinde sind selbst zu wichtigen Akteuren gesellschaftlicher Integration in Verbindung mit der deutschen Integrationspolitik geworden, indem die Vereine, finanziert und koordiniert durch das Bundesamt für Migration und Flüchtlinge in Nürnberg, Integrations- und Deutschkurse entsprechend des Zuwanderungs- und Integrationsgesetzes anbieten. Der Akzeptanz der gesellschaftspolitischen Rolle steht aber eben keine rechtliche Gleichstellung etwa zu den christlichen Kirchen gegenüber. Andere Verbände wie Milli Görüs kommen aufgrund aufnahmegesellschaftlicher Zweifel an der integrativen Ausrichtung für die Durchführung entsprechender Projekte nicht in Frage.

Der auf den muslimischen Gemeinschaften lastende aufnahmegesellschaftliche Druck, die aufnahmegesellschaftliche Diskurshegemonie, die die Muslime zwingt, sich zu westlichen Wertvorstellungen zu positionieren, hat letztendlich die im deutschen Islam diskutierten Themen tatsächlich nachhaltig verändert und mag auch tiefer gehende (nicht unbedingt theologische, aber integrationspolitische) Auseinandersetzungen im Islam veranlasst haben, die ohne dies nicht stattgefunden hätten. Der Vertreter eines muslimischen Verbandes hierzu genauer:

> Jetzt kann man natürlich genüsslich darüber streiten, dass das, worüber wir uns inzwischen Gedanken machen, Verfassungstreue, Demokratieverständnis, Bekenntnis zur freiheitlich-demokratischen Grundordnung, Geschlechterverhältnis, all diese Dinge, ob das wirklich einem selbstständigen Diskurs geschuldet ist, also wir uns mal darüber Gedanken machen als Muslime und sagen, wir müssen uns mal hinsetzen und gucken, ob das und das noch überhaupt mit unserem Religionsverständnis übereinstimmt, oder ob das eher diesem gesellschaftlichen Druck, der permanent da ist und der erst nicht mit dem 11. September zwar angefangen hat, aber immer ja da war nach dem Motto, ihr müsst euch auch anpassen. Ob das nicht auch diesem Diskurs geschuldet ist. Also dass man das, was man jetzt religiös zu formulie-

ren versucht, in Bezug auf Menschenrechte, in Bezug auf Geschlechterverhältnis, in Bezug auf schlechte Praxis in den islamischen Ländern, in Bezug auf Demokratie, ob das wirklich alleine aus einem eigenen Erkenntnisprozess entwächst oder ob man da nicht einfach auch dem Druck, dem gesellschaftlichen Druck nachgibt, der Aufnahmegesellschaft diesbezüglich auch irgendwo Zugeständnisse machen muss. Das ist eine sehr spannende Diskussion, die wir auch im internen Kreis sehr spannend führen.

Die Betonung entweder christlich-islamischem oder allgemeinen interreligiösen Dialog variiert zwischen den unterschiedlichen muslimischen Glaubensrichtungen. Insbesondere für das Alevitentum ist die christliche Community eher eine Adressatin unter vielen, ebenso bedeutend ist der Dialog mit dem (sunnitischen) Islam, Judentum oder der christlichen Orthodoxie. Im sunnitischen Islam ist – anlog zu den Kirchen auf der anderen Seite – Ernüchterung über die Entwicklung des christlich-islamischen Dialogs eingetreten. Hier verfestigt sich der Eindruck, dass die Kirchen den Dialog für die eigene Profilschärfung instrumentalisieren und die Verständigungsabsicht in den Hintergrund tritt. Die komplexe Situation des christlich-islamischen Dialogs, die sich aus den Interviews mit den Vertretern der Kirchen ergab, wird auf Seiten der Muslime klar als Abgrenzung der Christen gedeutet.

### 5.3.3 Lobbying der Verbände

Die Bestrebungen Einigung der (zumeist sunnitischen) Verbände unter einem gemeinsamen Dach sind primär politischem Druck der Aufnahmegesellschaft geschuldet – man muss sich dem taktischen Argument entziehen, die Partizipation der Muslime scheitere an ihrer ungenügenden gesellschaftlichen Vertretung. Dies ändert aber nichts an der latenten – wenn auch nach dem 11. September 2001 nicht dauerhaft verschärften – Konkurrenz zwischen den einzelnen Verbänden, die bis hin zu gegenseitigen Angriffen in den Freitagspredigten geht. Auch nach der Gründung eines Dachverbandes würde dessen Vertretungsanspruch von Teilen der muslimischen Community angezweifelt, so zuvorderst, nicht überra-

## 5.3 Muslimische Verbände

schend, durch die Aleviten. Die tatsächliche Verwirklichung eines gemeinsamen Verbandes auch der herkömmlichen Organisationen steht noch vor ausgesprochen hohen Hürden und könnte deutlich länger auf sich warten lassen, als Verbandsvertreter dies im Umfeld der deutschen Islamkonferenz in Aussicht gestellt haben.[107]

Der Islam sieht sich dem Problem gegenüber, dass das alleinige Nachgeben gegenüber aufnahmegesellschaftlichem Druck noch nicht die Etablierung nachhaltiger Organisationsstrukturen bedeutet. Eine Schlüsselrolle in der Diskussion kommt der DITIB zu, deren Beteiligung an jedem Zusammenschluss Voraussetzung für seine Legitimität – im Sinne der Vertretung einer Mehrheit zumindest der organisierten Muslime – ist. Eine wichtige Voraussetzung für den Koordinierungsrat hat DITIB dadurch geschaffen, dass der Verband durch die Beteiligung erstmalig von dem Anspruch abrückt, die Muslime in Deutschland allein vertreten zu können. Zugleich ist aber auch im Koordinierungsrat der latente Konflikt um die den Alleinvertretungsanspruch von DITIB schon insofern angelegt, als sich der Verband im Rat ein Vetorecht ausbedungen hat sowie eine größere Anzahl Vertreter entsendet (drei statt zwei, wie die drei übrigen Verbände).

Der Verweis des ZMD-Vorsitzenden Ayyub Axel Köhler, erster turnusmäßiger Sprecher des Rates im Frühjahr 2007, nicht konsensual getroffene Entscheidungen des Rates wären auch ohne die Sperrminorität von DITIB wertlos,[108] lässt die Interpretation zu, dass vor überzogenen Erwartungen an die Arbeitsfähigkeit des Koordinierungsrates zu warnen ist. Aufnahmegesellschaftliche Vertreter auf der Islamkonferenz empfanden nach Aussagen der Befragten deutschen Experten aus dem Bereich Integrationspolitik das Auftreten der Verbände auch nach Gründung des Koordinierungsrats als nur wenig koordiniert.

Das Negativbild des Islams in der deutschen Gesellschaft hat die Abgrenzung der Aleviten vom sunnitischen Islam begünstigt, ist aber dafür nicht allein verantwortlich, da mit der organisatorischen Weiter-

---

107 Bekir Alboga von DITIB erwartete im Interview mit der FAZ-Sonntagszeitung vom 4. März 2007 rasche Fortschritte bei der Konstituierung des Koordinierungsrates.
108 dpa-Meldung 14.04.2007: „Muslime wollen rechtliche Gleichstellung".

entwicklung des Alevitentums so oder so eine Profilschärfung einhergegangen wäre. Im Zuge dessen geht es vielen Aleviten weniger um Abgrenzung von den Sunniten im Sinne eines „liberalen" Islams, sondern vielmehr um die Identität als eigenständige Religionsgemeinschaft mit muslimischem Hintergrund. Dennoch bleiben auch die Aleviten hinsichtlich ihrer Partizipationsbemühungen – etwa mit Blick auf den Körperschaftsstatus ihrer inzwischen anerkannten Religionsgemeinschaft – in die deutsche Islampolitik eingebettet, sie bleiben Bestandteil des Islamdiskurses. So tut sich die deutsche Politik schwer mit der Gewährung von Partizipationsrechten an die Aleviten, ohne auch entsprechende Rechte dem sunnitischen Islam zuzugestehen. Folgender Zusammenhang wird hier gesehen:

> Dann würden die ganzen anderen islamischen Verbände kommen und sagen, den Aleviten habt ihr es gegeben, warum uns nicht?

Insgesamt verfolgen aufnahmegesellschaftliche Ansprechpartner die Taktik, Forderungen einzelner Organisationen mit dem Verweis auf die Notwendigkeit kohärenter Lösungen abzuweisen, die dann die gesamte muslimische Community einbeziehen sollen. Deutsche Politik verhält sich gegenüber den muslimischen Verbänden mitunter taktisch, da ihre vorbehaltlose rechtliche Gleichstellung den Aufbau neuer Konkurrenten in Verteilungskämpfen um öffentliche Mittel bedeutet.

Es gibt unter den Experten eine alternative Lesart der Motive der deutschen Politik für die Forderung nach einem einheitlichen Ansprechpartner der Muslime, die ebenfalls die Kohärenz in den Mittelpunkt stellt, den Staat aber in einer eher reaktiven Rolle sieht: Nach ersten Versuchen des VIKZ schon Ende der 1970er Jahre, als Körperschaft des öffentlichen Rechtes anerkannt zu werden, besteht in der deutschen Politik die Sorge, durch die Annerkennung einer größeren Zahl islamischer Körperschaften – die im Sinne der Gleichbehandlung notwendig werden könnte – die Fragmentierung des Islams quasi auf höherem Niveau zu verfestigen.

## 5.3.4 Die islamischen Verbände in der Öffentlichkeit

Die Wahrnehmung von Binnendifferenzierungen der muslimischen Community durch die deutsche Aufnahmegesellschaft mag aufgrund des gestiegenen Interesses am Islam nach dem 11. September erleichtert worden sein. Einen weiteren Schub hat zudem die Deutsche Islamkonferenz gebracht, die auch die Medien dazu veranlasst hat, sich mit den einzelnen Delegierten und den durch sie vertretenen Organisationen auseinanderzusetzen. Allerdings bestehen große Qualitätsunterschiede in der Berichterstattung über den Islam. Die vermehrte Beschäftigung mit dem Islam in den letzten Jahren[109] durch die Aufnahmegesellschaft konstatieren alle Experten. Der 11. September und seine Folgen hat einige Journalisten zu kompetenten Experten gemacht, die Berichterstattung in der Breite ist aber nicht selten von Unkenntnis geprägt, mitunter auch von Hemmungslosigkeit im Urteil, durchaus auch in öffentlich-rechtlichen Medien, besonders in Magazinsendungen[110]. Ein Experte schildert die folgende Beobachtung:

> Ich habe es mal in irgendeiner Diskussionsrunde erlebt, da meinte dann der Moderator, sich darüber lustig machen zu können, dass einige islamische Verbände das „Wort zum Freitag" fordern. Haha, sei das nicht lustig. Warum soll das lustig sein? Wenn es das Wort zum Sonntag gibt am Samstag, warum soll denn das Wort zum Freitag eine lustige Forderung sein? Das war auch quasi der Versuch, das lächerlich zu machen, dass Muslime jetzt plötzlich sagen, wir möchten das Wort zum Freitag haben. Warum bitte schön muss ein Moderator in einer Fernsehdiskussionsrunde der öffentlich-

---

109 Die Vervielfachung der Islamberichterstattung in Deutschland nach dem 11. September 2001 ist belegt durch Halm, Dirk/Marina Liakova/Zeliha Yetik: Zur Wahrnehmung des Islams und der Muslime in der deutschen Öffentlichkeit 2000-2005. In: Zeitschrift für Ausländerrecht und Ausländerpolitik 5-6/2006, S. 199-206.

110 Dass das Islambild nicht nur in der tagesaktuellen Berichterstattung, sondern auch in öffentlich-rechtlichen Fernsehformaten, die auf die Vermittlung politischer Hintergrundinformationen abzielen, ein zugespitztes Konflikt- und Gewaltbild ist, belegt die Analyse von Kai Hafez und Carola Richter der Magazin- und Talksendungen in ARD und ZDF in den Jahren 2005 und 2006; vgl. Hafez, Kai/Carola Richter: Das Islambild von ARD und ZDF. In: Aus Politik und Zeitgeschichte 26/27 2007, S. 40-46.

rechtlichen Anstalten in dieser Art und Weise mit den Leuten diskutieren? Muss das sein?

Speziell auf dem sunnitischen Islam lastet ein starker Rechtfertigungsdruck nach dem 11. September 2001 und seinen Folgekonflikten, der die mediale Aufmerksamkeit für den Islam in Deutschland deutlich erhöht hat, und damit in der Folge die Deutungsmacht der deutschen Gesellschaft über den Islam, da ihm sehr viel größeres öffentliches Interesse zufällt. Diese Entwicklung knüpft an historisch gewachsenes Misstrauen gegenüber den Muslimen an, dem seitens der Verbände nicht schlicht mit einer Intensivierung der Öffentlichkeitsarbeit erfolgreich begegnet werden kann, selbst wenn die Organisationen hierzu in der Lage wären – eine solche Öffentlichkeitsarbeit könnte vielmehr auch nur bedeuten, sich in noch größerer Zahl in Rechtfertigungen gegenüber der deutschen Gesellschaft zu ergehen. Eine muslimische Stimme zur Öffentlichkeitsarbeit der Verbände:

> Sie beschäftigen sich nur mit der Verteidigung. Sie müssen immer wieder reagieren […] können Sie uns das berichten, wir machen das, wir möchten mit Ihnen ein Gespräch führen. Wir haben Angst, wenn wir denen nicht helfen, dann sagen sie, sie blocken ab […] wir sind ja ständig beschäftigt mit den Anfragen von Außen. Dann kann man nicht inhaltlich arbeiten. Wenn wir in der Makroebene denken, der gesamte Islam in Deutschland ist so, der beschäftigt sich immer mit Anfragen, mit Anforderungen, die von Außen kommen.

Alternative Themensetzungen der Verbände werden seitens der deutschen Medien in der Regel ignoriert, aufnahmegesellschaftliche „Islamexperten" finden in den Medien deutlich mehr Aufmerksamkeit als die Muslime selbst. In den folgenden Zitaten kommt dieses Empfinden der Muslime zum Ausdruck:

> Peter Scholl-Latour hat mehr Wirksamkeit als wir.

Und eine Analyse auf der Metaebene:

## 5.3 Muslimische Verbände

> Wir sind dafür, dass sich die Muslime den Begriff wieder selbst aneignen sollen, und dass nicht immer eine andere Instanz sagt, o.k. dann gehörst Du zu den Liberalen und du bist fundamentalistisch. […] Und die Sprache, die die sprechen, ist nicht unsere Sprache.

Eine von aufnahmegesellschaftlichen Interviewten mitunter wahrgenommene Unverbindlichkeit von Gesprächen mit Muslimen liegt genau in dieser Befindlichkeit begründet, die ein Islamvertreter so paraphrasiert:

> Die Muslime müssen manchmal „Esperanto" sprechen, sich auf Begriffe einlassen, die nicht die ihren sind. Sie müssen sich dann eine als beliebig wahrgenommenen Sprache bedienen.

Die Verbände haben in der Folge der Diskussionen der letzten Jahre in Ansätzen zwar durchaus ihre Öffentlichkeitsarbeit professionalisiert, versuchen sich im Agenda-Setting und weniger reaktiv zu agieren (so wurde beispielsweise der baden-württembergische „Muslim-Test" bei der Einbürgerung durch die muslimischen Verbände als Vorreiter zu skandalisieren gesucht), ohne dass dies aber bisher die Wahrnehmung in der deutschen Öffentlichkeit beträchtlich beeinflusst hätte – Das Setzen von Themen ist eine Machtfrage erster Ordnung, die nicht allein durch professionelle Öffentlichkeitsarbeit auszuhebeln ist.

Auch schützt der potentiell professionelle Auftritt in der Öffentlichkeit nicht vor dem Misstrauen deutscher Medien. Bei vielen Medienvertreten herrscht eine grundsätzlich kritische Distanz gegenüber den Muslimen, nicht selten stehen hinter Kontaktaufnahmen auch investigative Absichten. In solchen Konstellationen kann eine zu geschliffene Öffentlichkeitsarbeit sogar kontraproduktiv wirken:

> Und ich denke, da muss man einfach sehen, das begegnet mir auch, wenn ich mit Medienvertretern spreche, dass sie so das Gefühl haben, weil ich ja als Verbandsfunktionär ja auch einigermaßen über rhetorische Fähigkeiten verfüge, sie vielleicht in meinen Bann gezogen zu haben und ihnen die Objektivität oder die kritische Distanz genommen zu haben. Was man da von Anfang an so mit einer gewissen Distanz sieht nach dem Motto, „du kannst mich nicht einlullen, du fängst mich nicht ein mit deinem Charme und dei-

ner Rhetorik, sondern ich weiß genau, wer du bist und darüber sprechen wir". [...] bei irgendeinem Programm in der Stadt, in der ich wohne, [...] hat mir mal eine Bewohnerin gesagt, sie hätte ich gerne als ihren Nachbarn. Da habe ich gesagt, wie kommen Sie darauf? „Ja, Sie sprechen so nett." Dieses Gefühl beherrscht so zur Zeit, habe ich den Eindruck, den Diskurs, man hat es mit netten Menschen, guter Rhetorik, adäquatem Auftreten, eben richtigen Lobbyisten und Funktionären zu tun, und wenn man denen nicht mit kritischer Distanz begegnet und denen nicht ihre ganze Historie vorwirft, dann kann irgendetwas, wenn es in der Zukunft mal passiert, als Bumerang zurückkommen und wir handeln uns den Vorwurf ein, nicht genug Distanz gewahrt zu haben.

Erfolgversprechender wird die Öffentlichkeitsarbeit dann, wenn aufnahmegesellschaftliche Partner Positionen der Muslime unterstützen. Es fehlt bei vielen muslimischen Organisationen das Bewusstsein dafür, dass sie öffentliche Akteure sind, ob gewollt oder ungewollt. Entsprechend kann nur eine aktive Öffentlichkeitsarbeit die Wahrnehmung der Organisationen positiv beeinflussen. In dem Maße, in dem sich diese Erkenntnis in den Organisationen durchsetzt, wird in letzter Zeit mehr Expertise um Thema Öffentlichkeitsarbeit und zum Vereinsmanagement nachgefragt. Grundsätzlich gilt für die Breite der muslimischen Vereine vor Ort aber

> dass vielen muslimischen Gemeinden eben nicht klar ist, dass sie nicht einfach eine Privatangelegenheit sind, sondern eine öffentliche. Wenn eine Moschee irgendwo präsent ist, auch mit der Hinterhofmoschee, dann bist du nicht mehr Privatmensch dort. Und du wirst in irgendeiner Form wahrgenommen, und wenn du diese Wahrnehmung irgendwie positiv beeinflussen möchtest, dann musst du aktiv werden.

### 5.3.5 Konflikte und Islamfeindlichkeit

Die Angst vor dem Islam in den europäischen Gesellschaften ist weit älter als die islamische Revolution im Iran oder die Terrorismusdiskussionen der letzten Jahre. Sie ist historisch tief verwurzelt.

## 5.3 Muslimische Verbände

Im Gespräch mit einigen muslimischen Experten und auch nach dem Eindruck von der Entwicklung des Islams in der Migration kritisch gegenüberstehenden Gesprächpartnern aus der muslimischen Community drängt sich der Eindruck auf, dass der Vorwurf islamophober Einstellungen der Deutschen im Diskurs als taktisches Argument eingesetzt wird, dem freilich zahlreiche taktische Argumente auf deutscher Seite gegenüberstehen (fehlende Vertretung, unklares Verhältnis von Islam und Säkularismus usw.).

Eine besondere Qualität bekommt die Debatte dann, wenn die „Islamphobie" in die Nähe von Antisemitismus gerückt wird, dahin gehend, dass dem Judentum vergleichbare „Rücksichtnahmen" der deutschen Gesellschaft auch gegenüber dem Islam zu erlangen versucht werden. In den Verbänden stößt der Terminus „Islamphobie" nach Einschätzung der Experten und bei einigen Experten selbst aber auch durchaus auf Kritik, die sich etwa so äußert:

> Und es ist absurd und völliger Blödsinn, Islamophobie mit Antisemitismus gleichzusetzen. Das ist völlig daneben. Das ist aber die Taktik, die von islamischen Verbänden und Organisationen zunehmend benutzt wird, um in der Öffentlichkeit sich in seiner Opferrolle darzustellen, wo sie sich vielleicht erhoffen, dadurch könnten sich vielleicht von Kritik befreien.

Dessen ungeachtet ist die Ablehnung des Islams in der deutschen Gesellschaft beträchtlich, es besteht eine generalisierende Islamismusangst, die vor keiner islamischen Richtung Halt macht, nicht einmal vor den Aleviten, die eigentlich noch schwerer in ein islamistisches Stereotyp zu integrieren sein dürften als Sunniten oder Schiiten, mit denen die Medienberichterstattung Gewalt, Terrorismus und Abschottung assoziiert. Diese äußert sich insbesondere bei Moschebau-Projekten.

Das internationale und das nationale Negativbild des Islams hängen eng zusammen:

> Vielleicht ist das Problem, dass wir inzwischen zu einem Meinungsbild gekommen sind, wo letztlich der Islam als Religion als Problem dargestellt wird, der eben keine humanisierende Wirkung hat, der keine friedensstif-

tende Aspekte in sich trägt. Das ist natürlich verheerend, da schaukeln sich dann Dinge einfach hoch, die dann im gesellschaftlichen Miteinander uns das Leben eigentlich schwer machen. Wo es immer schwieriger wird, zu sagen, dass das, was sich global abspielt, mit dem, was eine Religion ausmacht, nichts zu tun hat. Diese Apologetik, in die man dann verfällt, diese Entschuldigungshaltung, dieser Rechtfertigungsdruck ist natürlich das, was uns eigentlich zu schaffen macht nach dem Motto, „distanzieren Sie sich bitte jeden Tag aufs Neue von irgendetwas, was sich in der Welt vollzieht".

Die differenzierte Betrachtung der zwischenmenschlichen Dimension einerseits und der politischen Debatte andererseits bleibt also wichtig. Ablehnung richtet sich eher gegen die Institution Islam als gegen seine Angehörigen – allerdings sind die berichteten Erfahrungen der Verbände hier uneinheitlich. In der Minderheit wird hier auch von einem starken Anwachsen von Alltagsdiskriminierung berichtet.

Dabei wird die Kritik von christlichen Kirchen und deutscher Politik am Zustand der islamischen Diaspora-Theologie, die in den hier geführten Expertengesprächen zum Ausdruck kam, durch die Muslime durchaus wahrgenommen, aber nicht nachvollzogen.

Schließlich stellt sich die Frage danach, inwiefern die „muslimische Community" – die nur ein Konstrukt ist – selbst von „internen" Konflikten betroffen sein wird, genauer: Inwiefern sich Auseinandersetzungen der Migranten um das, was der Islam „ist", in Konflikten manifestieren. Es ist davon auszugehen, dass solche Konflikte schon heute in beträchtlichem Umfang in Form intergenerativer Auseinandersetzungen in den Familien ebenso wie in Moscheegemeinden ausgetragen werden.

# 6 Konstruktion des Islams in Deutschland durch den Diskurs

## 6.1 Islambilder der Akteure

Eingangs wurde Schiffauers Konzept des Islams als Diskursfeld vorgestellt. Auf der Grundlage der oben zusammengefassten 27 Experteninterviews kann nun dargestellt werden, wie Akteure aus den drei untersuchten Bereichen ihre Sicht auf den Islam und die Muslime im Diskurs etablieren und damit (gesellschafts-)politische Positionen zu legitimieren suchen. Die aus dem Forschungsstand extrahierten diskursiven Rahmenbedingungen der politischen Integration des Islams werden in den geführten Interviews insgesamt als relevant für die aktuelle Auseinandersetzung bestätigt, mit den oben identifizierten, wenigen Ausnahmen. Indem sie in die Interviewleitfäden eingeflossen sind, ist mit der vorliegenden Studie eine systematische Überprüfung dieser Rahmenbedingungen geleistet worden, die zu einer differenzierenden Einschätzung der unter diesen Bedingungen verwirklichten Diskursstrategien führt, weitere Diskursstrategien identifiziert sowie die Interdependenz der Diskursstränge herausarbeitet.

Das durch die Akteure propagierte Islambild der Akteure erweist sich, je nach Diskursstrang, als sehr unterschiedlich kohärent. Damit dürfte die Diskursmacht, die sie entfalten können, je nach Aspekt sehr unterschiedlich sein. So besteht beispielsweise bei den Akteuren im christlich-islamischen Dialog sowie in der Politik einhellig die Einschätzung einer fehlenden Vertretungskompetenz der muslimischen Verbände mit Blick auf die in Deutschland lebenden Muslime – ein folglich sehr diskursmächtiger Aspekt –, während nur die Kirchen eine defizitäre theologische Entwicklung des Islams in der Migration formulieren – ein insgesamt weniger diskursmächtiger Argumentationsstrang, der aber eben sehr wohl den christlich-islamischen Dialog dominiert. Nur in Teilen der Kirchen wird indessen gefordert, gemeinsam mit den Muslimen für eine Stärkung des religiösen Elements in der Gesellschaft einzutreten – ein wenig mächtiger Diskursstrang. Im Folgenden sollen insbesondere die diskursmächtigen Argumentationsstränge und ihre Interdependenz herausgearbeitet werden.

## 6.2 Interreligiöser Dialog

Die Akteure des christlich-islamischen Dialogs sehen ein Abflauen der interreligiösen Dialogbemühungen insbesondere auf lokaler Ebene. Intensiv geführter interreligiöser Dialog hat oftmals einen eher breiten, die Verständigung zwischen Menschen insgesamt fördernden Ansatz. Der Dialog vor Ort hat eine stark gesellschaftspolitische Konnotation, nur selten findet ein interreligiöses Gespräch im engeren Sinne als Glaubensdialog statt. Diese Entwicklung hat zum Ergebnis, dass der Kontakt heute stark von Stereotypen bestimmt zu werden droht, da unmittelbare interreligiöse Erfahrungen in den Gemeinden vor Ort entweder nicht (mehr) gemacht werden oder oberflächlich bleiben. Ohne solche Erfahrungen schlägt sich die insbesondere über die Medien und nicht zuletzt deren internationale Berichterstattung transportierte negative Konnotation des Islams eher in stereotypen Islambildern der christlichen Gesprächspartner nieder. Der Dialog droht in diesen Fällen einen starken Legitimationsdruck auf die Muslime auszuüben, was einen Dialog auf Augenhöhe über Glaubensfragen dann eher nicht zulässt und das unvoreingenommene Kennenlernen des Anderen erschwert.

Unter diesen Bedingungen werden im Dialog vor Ort nicht selten gesellschaftspolitische Diskurse um Integration und Desintegration, das Verhältnis des Islams zu Gewalt, Gleichberechtigung der Geschlechter usw. reproduziert. Ein Spezialdiskurs behandelt im interreligiösen Dialog die Reziprozität von Religionsfreiheit, d.h. die Verknüpfung der Möglichkeit der Ausübung des islamischen Glaubens in Deutschland mit Religionsfreiheit in islamisch geprägten Ländern. Diese Argumentation ist ausgesprochen mächtig. Sie fehlt bei kaum einem Gespräch zwischen Christen und Muslimen auf Gemeindeebene und hat auch in gewissem Umfang Zugang sogar zum integrationspolitischen Diskurs gefunden, indem mangelnde Religionsfreiheit der Christen in islamischen Staaten angeführt wird, um die Toleranzfähigkeit des Islams und der Muslime in Gänze in Zweifel zu ziehen und ihnen damit die gleichberechtigte Integrationsfähigkeit in die deutsche Gesellschaft abzusprechen.

In den Gremien der katholischen und evangelischen Kirche, die den Dialog auf Kirchenebene, aber zumeist ohne Beteiligung der Kirchenleitungen führen, wird die offene Ausübung eines derartigen Legitimationsdruckes eher zu vermeiden gesucht. Trotzdem besteht hier die Gefahr einer eher paternalistischen oder auch taktischen Gesprächshaltung, die einerseits in einem auch auf lokaler und regionaler Ebene zu findenden theologischen Überlegenheitsgefühl begründet sein kann, die auf Kirchenleitungsebene noch dadurch verstärkt wird, dass hier in besonderem Maße Misstrauen gegenüber dem Vertretungsanspruch einzelner Verbandsvertreter mit Blick auf die muslimische Community besteht und nicht selten eine Steuerung der Funktionäre durch die Herkunftsländer angenommen wird. Obwohl hier auch die theologische Auseinandersetzung im engeren Sinne gesucht wird, gelingt diese unter den beschriebenen Voraussetzungen nicht immer. Oft weichen die kirchlichen Gremien auf eine zwischenstaatlichen Dialog aus und beschränken sich nicht auf das Gespräch mit den Vertretern der Muslime in Deutschland.

Die Kirchenleitungen wiederum beteiligen sich durchaus an der Etablierung islamkritischer Diskursstränge, die von Dialogakteuren vor Ort wiederum aufgegriffen werden können. Motiv ist hier die Schärfung des eigenen Profils in Abgrenzung von einem bisher scheinbar empfundenen, abschätzig qualifizierten „Kuscheldialog", die auf Kosten des Islams zu erzielen gesucht wird. In diesem Diskurs werden entsprechend eher Unterschiede als Gemeinsamkeiten betont. Diese besondere Form der Anhängermobilisierung war bisher insbesondere bei der stärker von Mitgliederschwund betroffenen evangelischen Kirche zu finden, in etwas schwächerer Form aber auch bei der katholischen.

Aus eben diesem Grunde hat eine gemeinsame Islamkritik auch nicht zu einer durchgreifenden Annäherung von Christen und Juden im „Trialog" geführt oder auch nur zu Fortschritten in der Ökumene[111], da Profilierungs- und Abgrenzungsdiskurse von Zeit zu Zeit auch immer einmal die jüdische Gemeinde oder die christlichen Schwesterkirchen treffen. In jedem Fall sichert eine solche Orientierung die Reproduktion eines aus den Medien entlehnten, stereotypen Bildern folgenden islamkritischen Diskurses in den Gemeinden vor Ort zusätzlich ab.

Zudem kann die Neigung bestehen, über die Expertise der Kirchen im interreligiösen Dialog und den damit verbunden Zugang zum Thema Islam sich auch wieder stärker integrationspolitisches Gewicht zu verschaffen, da sich das Thema Islam momentan eben als Kategorie von Integrationspolitik etabliert. Mit dieser Orientierung findet der Diskurs der Kirchen eine Anknüpfung die politische Debatte um die Integration des Islams. Gerade hier gibt es einen alternativen Diskursstrang, der aber im Vergleich zu den vorgenannten, eher Abgrenzung produzierenden Orientierungen deutlich schwächer ist. Manche machen den Versuch, gemeinsam mit den Muslimen – etwa in der Auseinandersetzung um eine Abschaffung des konfessionellen Religionsunterrichts zugunsten eines Ethikunterrichts – in Richtung einer Stärkung des religiösen Elements in der deutschen Gesellschaft zu wirken. Eine Stärkung derartiger Überlegungen müsste von den Kirchenleitungen ausgehen, würde aber wohl zu einer spürbaren Entlastung des interreligiösen Dialogs von taktischen Manövern – zum Zweck der Absicherung gesellschaftlicher Machtpositionen – führen, der ohnehin immer dann verständigungsfördernd wirkt, wenn die Akteure – auch vor Ort – das Gefühl haben, gemeinsame Interessen zu verfolgen.

Einige christliche Dialogakteure halten die oben beschrieben Mechanismen aber auch für konstruktiv und führen Ansätze der Erneuerung des Islams in der Migration auch durchaus auf durch die Aufnahmegesellschaft im interreligiösen Dialog vermittelten Druck zurück.

---

111 Siehe die erneut durch den Vatikan vorgetragene Position zum nicht vorhanden Kirchencharakter evangelischer Glaubensgemeinschaften (dpa-Meldung vom 09.07.2007).

Es gibt auch weniger mächtige Gegendiskurse im christlich-islamischen Dialog, die angstbedingte Rückzüge auch der Muslime, die Gefahr einer Kulturalisierung des Integrationsdiskurses durch die Religion oder auch eine generelle Überschätzung der Bedeutung des Islams in Deutschland in den Fokus nehmen. Sie bestimmen den interreligiösen Dialog insgesamt aber nur am Rande und zumindest nicht maßgeblich zum Zeitpunkt der hier vorgestellten Untersuchung.

## 6.3 Integrationspolitik

In der Integrationspolitik hat sich in den letzten Jahren die Einschätzung etabliert, dass der Islam eine zentrale Kategorie für das Gelingen von Integrationspolitik ist. Auf Bundesebene einerseits und auf Landesebene und lokaler Ebene andererseits hatte dies aber unterschiedliche Ursachen. Im Bund war die Befassung mit dem Thema Islam stark durch den an Bedeutung zunehmenden sicherheitspolitischen Diskurs im Zuge der Terrorismusbekämpfung bestimmt. Da effektive Terrorismusbekämpfung in den Augen des Bundesinnenministeriums einen besseren Dialog und letztlich auch eine bessere gesellschaftliche Verankerung der Muslime vorauszusetzen schien, hat sich die Bundespolitik dieses Themas angenommen.

Die Länder sahen sich demgegenüber schon seit den 1990er Jahren der Herausforderung einer rechtlichen Integration des Islams gegenüber, zuvorderst durch die Versuche einzelner muslimische Gemeinschaften, das Recht zur Erteilung von Religionsunterricht zu erstreiten, wodurch sich die Frage nach einem rechtlichen Rahmen für die Integration der Muslime stellte.

In den Städten und Gemeinden wiederum ergaben sich unterschiedliche Herausforderungen und Konflikte im Zusammenleben, die lokale Akteure für das Thema Islam sensibilisiert haben.

Entsprechend dürfte kaum von einem einheitlichen Bild des Islams in der deutschen Integrationspolitik auszugehen sein. Die vor dem 11. September 2001 und der anschwellenden Terrorismusdebatte bereits etablierten Diskurse finden seitdem aber vermehrt vor dem Hintergrund einer in der Bevölkerung virulenten, deutlichen Islamangst statt, die in erster Linie von der internationalen Medienberichterstattung vermittelt wird, wodurch die von diesen Diskursen ausgehende Macht steigt. Insgesamt dominiert das Thema Islam die Integrationsdebatte in den letzten Jahren stärker als zuvor. Es ist eine Kulturalisierung dieser Debatte festzustellen, wobei Integrationspolitik zugleich anfälliger für Ad-Hoc-Maßnahmen sein kann (etwa der „Muslim-Test" in Baden-Württemberg). Diese Kulturalisierung ist neben der Tatsache, dass in der Integrationsdebatte seitens der Öffentlichkeit aufgrund der Islamangst der Religion besondere Bedeutung zugemessen wird, auch weiteren Faktoren geschuldet, so der tatsächlich wachsenden Bedeutung der religiösen Identität für die Muslime, aber auch der Tatsache, dass einzelne muslimische Akteure oftmals punktuell und öffentlichkeitswirksam ihre Rechte einklagen, was in der öffentlichen Wahrnehmung dazu führen kann, die Desintegrationsgefahr der Muslime in Deutschland zu überschätzen. Außerdem finden in Ermangelung anderer Gesprächspartner oft Vertreter der Muslime anstatt andere Migranten in der deutschen Öffentlichkeit Gehör, wodurch die Themen Islam und Integration weiter ineinander verschwimmen. Mitunter ist auch eine Gegenbewegung festzustellen, indem weltliche Vertreter der Migrantencommunity sich verstärkt zum Thema Desintegration des Islams äußern, um so Zugang zum Integrationsdiskurs zu bekommen.

Die volle gesellschaftspolitische Integration des Islams scheint durch die deutsche Politik auf Bundes- und Landesebene wie auch auf lokaler Ebene als unbestrittene Notwendigkeit anerkannt zu sein. Das wirft die Frage auf, welche Vorstellungen sich die Akteure von einem solchen „integrierbaren" Islam machen. Hier gibt es sehr unterschiedliche Kriterien, das bedeutendste, aber keineswegs das einzige, ist die Anerkennung des Prinzips der Säkularität. Weitere Kriterien betreffen die demokratische Verfasstheit nach Innen, die Gleichberechtigung der Geschlechter, die Aufnahmelandorientierung oder das aus dem kirchlichen Diskurs entlehnte Argument der völkerrechtlichen Reziprozität der Religionsfreiheit (all dies fordert aber jeweils nur ein Teil der deutschen Akteure). Es ist ziemlich gewiss, dass Gruppen, die im Verdacht stehen, die säkulare Ordnung in Frage zu stellen, als nicht integrierbar gelten und sie tendenziell eher von Gesprächsangeboten ausgenommen bleiben – dies trifft in den letzten Jahren speziell auf den zweitgrößten islamischen Verband in Deutschland zu, die IGMG, wobei ihr Ausschluss in der Regel mit dem Umstand der Beobachtung durch den Verfassungsschutz legitimiert wird. Ohne diese Argumentationshilfe zeigt sich, dass das Kriterium der kompromisslosen Säkularität nicht konsequent zur Anwendung gebracht wird – so ist der Islamrat, dessen größter Mitgliedsverband eben die IGMG ist, sehr wohl auf der deutschen Islamkonferenz vertreten. Die fehlende Gesprächsfähigkeit (bzw. -würdigkeit) von Milli Görüs mit dem Staat ist ein ausgesprochen mächtiger Diskurs, der auch stark in die zivilgesellschaftliche Sphäre wirkt, besonders dadurch, dass zahlreiche von den Kirchen oder anderen Institutionen durchgeführte Veranstaltungen zum Thema Islam von der öffentlichen Hand (mit)finanziert werden, wodurch oft, auch durch vorauseilenden Gehorsam, Milli Görüs Außen vor bleibt.

Es gibt im politischen Diskurs also seit längerem das duale Bild eines säkularen Islams einerseits und einer islamistischen Richtung andererseits. Alternativ dazu hat sich ein konkurrierender Diskurs etabliert: Es ist ein ebenfalls dichotomes Bild des Islams entstanden, das sich weniger aus dem Alternativen säkular und islamistisch speist, sondern auf die traditionellen sunnitischen Verbände einerseits und die (vermeintlich wachsende Zahl) der von diesen Verbänden unabhängigen oder gar nicht organisierten Muslime andererseits abhebt. Dieser Alternativdiskurs wird besonders durch die Auseinandersetzung um den Vertretungsanspruch einzelner Verbände mit Blick auf die muslimische Community in Deutschland insgesamt katalysiert.

Je nachdem welche dieser beiden Konstruktionen von den Akteuren im Diskurs etabliert wird, hat dies unterschiedliche Konsequenzen für die Integrationspolitik.

So führt eine Unterteilung in „säkular" und „islamistisch" eher dazu, gerade den größten deutschen Moscheeverband DITIB als mit großem Integrationspotential versehen einzuschätzen, da er die Treue zur laizistischen Staatsordnung der Türkei auch in Deutschland propagiert – dabei weniger fokussierend, welche Chancen der Verband und seine Gemeinden beim Projekt einer echten Beheimatung des Islams in Deutschland spielen wollen oder können. Genau auf diese Frage fokussiert die alternative Konstruktion. Dieser liegt die Annahme zugrunde, dass der tatsächliche Islam in Deutschland, zumal derjenige, der sich im Wechselspiel mit der Migrationswirklichkeit in Deutschland entwickelt, eben organisatorisch kaum kenntlich wird, jedenfalls nicht in den etablierten islamischen Verbänden. Der Forderung nach der Schaffung eines einheitlichen Ansprechpartners können diese Verbände auch dann nicht durch die Schaffung eines Dachverbandes begegnen, sollte dieser neue Diskurs die Oberhand gewinnen (wofür es deutliche Indizien gibt[112]), es sei denn, ihnen gelänge die Integration einer nennenswerten Zahl unabhängiger Muslime in ihren Koordinierungsrat. Die Entscheidung des Islamgipfels, auch viele Einzelvertreter aus der muslimischen Community zu laden, spricht dafür, dass dieses Orientierung in der Bundespolitik an Bedeutung gewonnen haben könnte, ohne dass aber mögliche Leitbilder eines Islams in der Migration, etwa im Sinne einer der Etablierung eines „Euro-Islams", allzu explizit formuliert würden. In diesem Fall hätte die Forderung nach einem einheitlichen Gesprächspartner einen Diskurs etabliert, der die Schaffung dieses Ansprechpartners noch unwahrscheinlicher macht als zuvor, obwohl die zuvor stark konkurrierenden Verbände in größerem Maß zu Zusammenarbeit finden. Dessen ungeachtet gibt es auf bundespolitischer und landespolitischer Ebene kaum Anzeichen dafür, dass die Frage einer muslimischen Dachorganisation für die Integration des Islams an Bedeutung verlieren könnte – im Gegenteil. Es spricht zumindest nichts für die Bereitschaft, eine Vielzahl islamischer Glaubensgemeinschaft etwa als Körperschaft öffentlichen Rechts anerkennen zu wollen. Der Diskurs um die mangelnde Repräsentation des Islams kann damit zur Legitimation fehlgeschlagener Integration der Muslime ge nutzt werden.

---

112 Siehe hierzu etwa das Interview von Heribert Prantl mit Wolfgang Schäuble in der Süddeutschen Zeitung vom 26. September 2006, das in diese Richtung interpretiert werden kann.

Der im Forschungsstand berichtete Hang der Muslime zu einer Art diskursiver Assimilation im Sinne einer eher taktischen Einlassung der Muslime auf in der Aufnahmegesellschaft gewünschte Themen wird von den Akteuren im Übrigen eher nicht (mehr) gesehen. Es wird aber deutlich, dass die Integrationspolitik bei der Rede über den Islam, im Sinne des Poststrukturalismus von Ferdinand die Saussure, mit einem „binären Reduktionismus" arbeitet (islamistisch/säkular, traditionell/emanzipatorisch), der dem bezeichneten Gegenstand nicht gerecht werden kann und die Wirklichkeit stark vereinfacht. Hierin liegt ein potentielles Hindernis für die Verständigung zwischen deutscher Politik und muslimischer Community.[113]

## 6.4 Muslimische Verbände

Hier gilt es, zwei grundsätzlich unterschiedliche Diskurse zu beleuchten: Einerseits das Islambild, das durch die muslimischen Verbände etabliert wird, andererseits das durch die Verbände konstruierte Bild der Aufnahmegesellschaft in ihrem Verhalten gegenüber den Muslimen.

Mit Blick darauf, wie sie den Islam selbst repräsentieren, ist der Befund uneindeutig. Der von der Aufnahmegesellschaft dominierte Integrationsdiskurs weist einer wie auch immer gearteten gemeinsamen Vertretung des Islams eine herausgehobene Stellung zu. Hierauf reagieren die Muslime mit unterschiedlichen Taktiken und Strategien. Eine vom DITIB-Verband seit seiner Präsenz in Deutschland verfolgte Taktik war, die Alleinvertretung für die zumindest türkeistämmigen Muslime in Deutschland für sich in Anspruch zu nehmen, und die Legitimität, die die türkische Mutterorganisation Diyanet aufgrund des zentralen Organisationsmodells des Islams in der Türkei hat, einfach auf die – dessen ungeachtet völlig anderen, pluralen – deutschen Verhältnisse zu übertragen. Diese Haltung scheint im Umfeld der Deutschen Islamkonferenz relativiert worden zu sein und insbesondere die Zustimmung zu einem

---

113 Vgl. Jäger, Ludwig: Ferdinand de Saussure zur Einführung. Hamburg 2006.

turnusmäßigen Wechsel des Vorsitzes im Koordinierungsrat spricht für einen solchen Sinneswandel.

Zugleich illustriert der DITIB-Verband aber, dass noch immer von einer starken Einflussnahme der Herkunftsländer darauf auszugehen ist, wie muslimische Organisationen in Deutschland den Islam repräsentieren. Diese unklaren Interessenlagen mögen dazu beitragen, dass das Bewusstsein der Notwendigkeit, langfristig und strategisch einen positiven Diskurs über die Integration des Islams in Deutschland zu etablieren, nur wenig ausgeprägt zu sein scheint. In Verbindung mit organisatorischen Schwächen, die sich auch in bei den meisten Organisationen fehlender Anpassung an die föderalen Strukturen in Deutschland manifestieren, ist die Diskursmacht des Islams, das heißt die Fähigkeit zur Beeinflussung des Islambildes im Diskurs, ausgesprochen gering. Auch alternative Organisationen zu den traditionellen Verbänden und eine noch größere Zahl an engagierten, bewusst nicht organisierten Einzelpersonen werden (noch) kaum öffentlich sichtbar. Diese neuen Akteure führen oft einen nach Innen gerichteten Diskurs, der Reformen und Pluralität Geltung zu verschaffen sucht und auch nach Außen ein bewusst heterogenes Bild der Muslime vermitteln will, um damit Stereotypen entgegenzuwirken und sich damit Handlungsspielraum zu verschaffen.

Der Einfluss der Muslime auf den Islamdiskurs in Deutschland bleibt damit eher reaktiv. Eine „diskursive Assimilation" an die Aufnahmegesellschaft ist, wenn sie stattfindet, keine bewusste Strategie, sondern kurzfristig taktisches Verhalten, indem man dem Druck eines von der Aufnahmegesellschaft dominierten Negativdiskurses nachgibt. Obwohl die aufnahmegesellschaftlichen Akteure davon ausgehen, mit der durch sie ausgeübten Kritik sowie dem ausgeübten Rechtfertigungsdruck reformatorische Ansätze des Islams in der Migration zu fördern, steht die Nachhaltigkeit dieser Wirkungen doch stark in Frage, da die entsprechenden Diskurse eben stark von der Aufnahmegesellschaft definiert werden und damit weit neben der Sache liegen können. Ein gutes Beispiel für einen solchen Diskurs ist etwa die Forderung Günter Wallrafs, in der Kölner DITIB-Zentralmoschee aus Salman Rushdies „Satanischen Versen" lesen zu lassen,[114] um dadurch die Pluralität, Toleranz und Demokratieverbundenheit des Islams in Richtung Muslimen und Aufnahmegesellschaft zu repräsentieren – und dies noch als Reaktion auf eine Situation, in der rechtspopulistisch gesteuerter Bürgerprotest den genehmigten Neubau der DITIB-Zentralmoschee und damit auch die Religionsfreiheit in Deutschland in Frage gestellt hatte. Dass der DITIB-Theologe Bekir Alboga diesem Ansinnen in einer öffentlichen Reaktion positiv gegenüberstand, wirft ein Schlaglicht auf das enorme Druckpotential des Negativdiskurses über den Islam auf die Muslime und ihre Organisationen. Tatsächlich impliziert Wallraffs Vorschlag wohl doch eher, dass eine Ablehnung von Rushdies Buch, bzw. die Ablehnung, daraus in einer Moschee zu lesen, gleichbedeutend mit einer Unterstützung der Fatwa gegen den Autor ist. Dabei geht es darum gar nicht: So wenig, wie katholische Christen die Aufführung von Martin Scorseses „Letzte Versuchung Christi" in einer Kirche gutheißen würden, so wenig sollten Muslime über die von Wallraff vorgeschlagene Lesung erbaut sein dürfen.

Wie fortgeschritten die Ursachenanalyse in den muslimischen Verbänden mit Blick auf ihre Diskurssituation ist, darauf geben die Interviews lediglich Hinweise. Diese Hinweise sprechen aber dafür, dass die Bedeutung des Schlüsselinstruments zur Gewinnung einer größeren Diskursmacht, nämlich die theologische Erneuerung auf der Grundlage einer besseren Organisationsentwicklung, ihnen nicht in größerem Maße bewusst ist. Stattdessen werden nicht selten taktisch motivierte Gegendiskurse etabliert, die ein Bild der Aufnahmegesellschaft als generell islamophob entwerfen und damit, unter Rückgriff auf den Diskurs der „Political Correctness" und flankiert von Teilen der deutschen Soziologie, etwa durch die im Forschungsstand angesprochenen Studien Wilhelm Heitmeyers, eine Positionsverbesserung im Diskurs um die politische Integration des Islams ermöglichen sollen. In der machtpolitischen Auseinandersetzung etwa um die Frage der Anerkennung muslimischer Gemeinschaften als Körperschaften des öffentlichen Rechts bleiben die Muslime damit aber insgesamt schlecht aufgestellt, und sie treffen auf

---

114 Kölner Stadtanzeiger vom 10.07.2007.

zwei christliche Kirchen, die im Wettbewerb um knappe Ressourcen theologische und organisatorische Defizite des Islams in Deutschland mal subtil, mal explizit in den öffentlichen Diskurs einspeisen.

# 7 Szenarien einer zukünftigen (Des-)Integration des Islams in Deutschland

## 7.1 Verbindung mit anderen öffentlichen Diskursen

Der Diskurs um die politische Integration des Islams hat zahlreiche Anknüpfungspunkte zu anderen Diskursen. Ohne Anspruch auf Vollständigkeit werden im Folgenden vier sehr mächtige Diskursstränge ausgewählt – der „Kampf der Kulturen", die Etablierung eines „Euro-Islams", die Entstehung von „Parallelgesellschaften" sowie der gesellschaftliche Bedeutungsverlust von Religion – und dargestellt, wie sich die Befunde der vorliegenden Studie in die entsprechenden Debatten einfügen. Diese Darstellung kann damit zugleich aus Ausblick auf die zukünftige Integration des Islams fungieren – versteht man die vier Diskurse als gesellschaftliche Zukunftsszenarien, die der weitere Verlauf des Diskurses um die politische Integration des Islams befördert oder konterkariert.

## 7.2 „Kampf der Kulturen"

Die von Samuel P. Huntington entworfene Vorstellung[115] vom internationalen System im 21. Jahrhundert dürfte die meistzitierte und vermutlich meistkritisierte politikwissenschaftliche Arbeit seit ihrem Erscheinen 1996 sein. Dass auch hier noch einmal Bezug auf Huntington genommen wird, hat weniger damit zu tun, dass (wiederum) der Prognosewert seines Ansatzes für das zukünftige Zusammenleben mit dem Islam diskutiert und verworfen werden soll, sondern damit, dass der „Clash of Civilizations" in einer nochmals primitiveren Lesart des eigentlichen Huntington-

---

115 Huntington, Samuel P.: The clash of civilizations and the remaking of world order. New York 1996.

Konzepts zu einem wichtigen Bestandteil des Diskurses um das Zusammenleben mit den Muslimen in Deutschland und der Welt geworden ist. Auch einige der Interviewpartner dieser Studie haben dieses Konzept als Referenzpunkt gewählt, immer dann, wenn beschrieben wird, wie die medial vermittelten Konflikte außerhalb Deutschlands, um den Islam oder unter Beteiligung von Muslimen, auf das Zusammenleben in Deutschland rückwirken. Es gibt damit einen Diskurs, der gleichermaßen eine negative Erwartungshaltung fördert wie auch stereotype Bilder reproduziert, die Islam und westliche Werte und Lebensweise als miteinander unvereinbar darstellen.

Dieser Diskurs nimmt seinen Ausgang nicht im 11. September 2001, sondern ist längst vorher etabliert, genau genommen seit der islamischen Revolution im Iran 1979. Ein erster Höhepunkt der Wahrnehmung einer islamistischen Bedrohung durch die westlichen Gesellschaften dürfte die Fatwa gegen Salman Rushdie 1989 gewesen sein.[116] Nina Clara Tiesler konstatiert:

> Gleichzeitig scheint sich binnen der letzten ca. 25 Jahre eine renovierte Variante der Dichotomie von der „christlich geprägten", aufgeklärten, modernern, europäisch-westlichen Gesellschaft einerseits und der unaufgeklärten, vormodernern „islamischen Welt" andererseits verfestigt zu haben. Allen gegenläufigen empirischen Argumenten zum Trotz, die Familienbiografien von gesellschaftlich wohl integrierten Muslimen in europäischen Ländern liefern, wird diese Dichotomie in der medialen Öffentlichkeit ausgerechnet in den Emigranten, die eine islamische Mehrheitsgesellschaft *verlassen* haben (oder gar in ihren hier geborenen Nachkommen) personalisiert und erlangt in Selbst- und Fremdzuschreibungen eine gesellschaftliche Wirkungsmacht.[117]

In allen drei in der vorliegenden Studie dargestellten Analysebereichen ist dieser Diskurs nicht wirkungslos geblieben. Dies wird in vermehrten Vorbehalten gegenüber interreligiösem Dialog, einer Kulturalisierung

---

116 Tiesler, Nina Clara: Europäisierung des Islam und Islamisierung der Debatten. In: Aus Politik und Zeitgeschichte 26/27 2007, S. 26.
117 Tiesler, Nina Clara: Europäisierung des Islam und Islamisierung der Debatten. In: Aus Politik und Zeitgeschichte 26/27 2007, S.24-32.

der Integrationspolitik oder den Vorwurf der „Islamphobie" als Gegenreaktion auf eine generalisierte Islamkritik deutlich. Der „Kampf der Kulturen" ist eine „Self-Fulfilling-Prophecy" geworden – aber nur in begrenztem Rahmen. *Deshalb* ist die Auseinandersetzung noch aktuell, nicht aufgrund der Qualität oder Relevanz von Huntingtons Analyse.

Denn die Schlussfolgerung, dass das Zusammenleben von Islam und Mehrheitsgesellschaft zukünftig generell konfliktbestimmt sein wird, ist sicherlich unzulässig. Zum einen finden sich in der deutschen Gesellschaft in nennenswerter Zahl auch Gegendiskurse, zum anderen haben die stereotypen Islambilder sich, trotz zunehmend negativer Erwartungshaltung, bisher zumindest im interpersonalen Kontakt nicht in wachsenden Konflikten manifestiert.[118] Dass es einen „Kampf der Kulturen" in Deutschland nicht geben wird, liegt schon daran, dass der ihm zugrundeliegende Kulturbegriff ein stereotyper ist und tatsächlich nicht „die" islamische und „die" deutsche Kultur aufeinanderprallen können. Sehr wohl können bestehende Konflikte aber so wahrgenommen werden. Solange aber „transkulturelle" soziale Netzwerke bestehen und Dialog stattfindet, sollten die entsprechenden Diskurse eine begrenzte Reichweite haben und entideologisiert werden können.

Eine ganz offensichtliche Konfliktlinie in deutschen Nachbarschaften ist der Neubau von repräsentativeren Moscheen. Bundesweite Aufmerksamkeit zog 2007 die DITIB-Zentralmoschee in Köln-Ehrenfeld auf sich, aber auch Bürgerproteste gegen Moscheebauten in München-Sendling und Berlin-Heinersdorf sorgten ungefähr zur selben Zeit für überregionale Aufmerksamkeit.[119] Bisher ist aber zu konstatieren, dass in der Vergangenheit das Sichtbarwerden der Muslime im öffentlichen Raum unter vergleichbaren Protesten deutscher Bürger begannen – so etwa in Duisburg-Hochfeld 1997 – man aber in der Zwischenzeit in der Regel zumindest zu einem konfliktfreien, oft auch zu einem fruchtbaren Zusammen-

---

118 Halm, Dirk/Marina Liakova/Zeliha Yetik: Pauschale Islamfeindlichkeit? Zur Wahrnehmung des Islams und zur sozio-kulturellen Teilhabe der Muslime in Deutschland. In: Jäger, Siegfried/Dirk Halm (Hg.): Mediale Barrieren. Rassismus als Integrationshindernis. Münster 2007, S. 12-48.
119 Siehe zu einem Überblick über das Thema den Artikel „Bürger auf den Barrikaden" von Thomas Ludwig, Handelsblatt vom 03.07.2007.

leben in gegenseitigem Austausch gefunden hat. Auffällig ist am Fall Köln-Ehrenfeld wie bei der Auseinandersetzung um den Muezzin-Ruf in Duisburg-Hochfeld zehn Jahre zuvor, dass der Protest von Außen angefacht und gesteuert wurde – durch die rechtspopulistische Initiative „Pro Köln" bzw. durch einen evangelischen Pfarrer. Im tatsächlichen Kontakt vor Ort normalisiert sich das Zusammenleben in aller Regel nach einiger Zeit und es kann sogar gelingen, gegenüber von Außen in die Nachbarschaften getragenen Konflikten äußerst resistente Netzwerke aufzubauen.

Es ist davon auszugehen, dass dies auch für zukünftige Konfliktherde gelten wird. Nichtsdestotrotz muss darauf hingewiesen werden, dass die Rahmenbedingungen für Verständigung nicht besser geworden sind – einerseits aufgrund des gewachsenen Profilierungsdranges der christlichen Kirchen(leitungen) auf Kosten der Muslime sowie angstbestimmtem interreligiösen Dialog, andererseits, weil die religiöse Identität für die Muslime in Deutschland in den letzten Jahren eher an Bedeutung gewonnen als verloren hat[120], da das Bewusstsein über die eigene Religionszugehörigkeit bei vielen Muslimen erst durch die Wahrnehmung kultureller Differenz zur Aufnahmegesellschaft entstehen kann. Speziell die Reduzierung der gegenseitigen Wahrnehmungen auf symbolische Auseinandersetzungen um Kopftuch, Schächten und Muezzin-Ruf, die einzelne muslimische Organisationen, besonders im Umfeld von Milli Görüs und VIKZ, zu verantworten haben, trägt zu einer weiteren Stereotypisierung des Diskurses bei. Und nicht zuletzt etabliert der politische Diskurs zunehmend einen Zusammenhang von Islam und Desintegration, der „nun in z.T. noch höherem Maße überschätzt [wird] als er während der ersten Jahre unterschätzt"[121] wurde.

Es ist aber auch nicht auszuschließen, dass der Islam praktisch als „Container" für die Austragung sozialer Konflikte von den Betroffenen als Antwort auf jahrelange Stigmatisierung auch wirklich aufgegriffen wird. Dies würde freilich noch längst nicht heißen, dass sich damit auch

---

120 Halm, Dirk/Martina Sauer: Parallelgesellschaft und ethnische Schichtung. In: Aus Politik und Zeitgeschichte 1-2/2006, S. 18-24.
121 Tiesler, Nina Clara: Europäisierung des Islam und Islamisierung der Debatten. In: Aus Politik und Zeitgeschichte 26/27 2007, S. 27.

eine homogene Gruppe „der Muslime" in Deutschland etablieren würde. Trotzdem dürfte die die Frage der Entstehung eines Konflikts mit dem Islam auch mit der Frage zusammenhängen, ob es gelingen wird, die soziale Chancenungleichheit zwischen Migranten und Aufnahmegesellschaft abzubauen.

Zumindest erwähnt werden kann eine ganz anders gelagerte Konfliktgefahr, und diese betrifft die „muslimische" Community selbst. Möglicherweise führt eine weitere Heterogenisierung des Islams, besonders aber eine im Zuge des Heimisch-Werdens in Deutschland verstärkte kritische Auseinandersetzung mit islamischen Glaubensprinzipien zu Konflikten innerhalb der Community selbst, die aber von der Aufnahmegesellschaft mitunter erst dann wahrgenommen werden, wenn sie in anomischem Verhalten gipfeln, das sich dann aber nicht gegen die Aufnahmegesellschaft, sondern gegen die Angehörigen der eigenen Community richtet. Auseinandersetzungen etwa um die die Kritik der Rechtsanwältin Seyran Ates an Fehlentwicklungen in der muslimischen Community in Deutschland und daran anschießende Morddrohungen[122] etwa weisen die Richtung, in die sich die Situation schlimmstenfalls entwickeln könnte. Mit einem Konflikt nach Huntingtons Vorstellungen hätte aber all das nichts gemein.

### 7.3 „Euro-Islam" und Integrationsperspektive der Muslime

Eine mögliche Inklusion des Islams in Deutschland berührt die Frage nach der Entwicklung eine europäischen Islams oder „Euro-Islams". Der oft bemühte, von unterschiedlichen Autoren geprägte Begriff ist nicht selten Anlass für Missverständnisse, eben weil er schon grundsätzlich unterschiedliche Konzepte beschreibt, völlig abgesehen davon, welche Standpunkte im Rahmen dieser Konzepte im Einzelnen vertreten werden:

---

122 Vgl. Frankfurter Allgemeine Zeitung vom 10.01.2007: „Der Fall Ates", von Heinrich Wefing.

- Die normative Forderung der Entwicklung eines autochthonen Islams in den europäischen Staaten, der nicht nur mit Individualismus und Religionsfreiheit vereinbar, sondern sogar das Produkt dieser westlichen Prinzipien ist (prominentester Vertreter: Bassam Tibi)[123].
- Die theologische Auseinandersetzung mit dem Verhältnis von Islam und Moderne und die Entwicklung einer Theologie eines „Euro-Islams" (beispielsweise durch Tariq Ramadan)[124].
- Der Versuch der empirisch fundierten Beschreibung muslimischer Religiosität und ihrer Wandlungen in der Migration durch die sozial- und religionswissenschaftliche Forschung.[125]

Im Rahmen dieser einzelnen Konzepte sind die Positionen zahlreich. Dass der Begriff des „Euro-Islams" aber insgesamt kaum als substantiell wahrgenommen wird, dürfte darin begründet sein, dass die Positionen, dich sich aus den einzelnen Konzepten ergeben, kaum miteinander in Einklang zu bringen sind. Die oben zitierten Beispiele sollen hier für die Argumentation ausreichen – sie stehen stellvertretend für andere.

Zunächst führt die tatsächliche theologisch fundierte Reflektion darüber, was ein Europäischer Islam sein könnte, nicht vollständig zu den von dem normativ motivierten Konzept formulierten Ergebnissen. Dass dies so ist, zeigt etwa die deutlich formulierte Ablehnung der Überlegungen Tariq Ramadans durch Bassam Tibi.[126] Ganz allgemein gesprochen scheinen beide Konzepte deshalb nicht miteinander zu korrespondieren, als der Ausgangspunkt in einem Fall die individuellen Freiheitsrechte sind, von deren Basis aus der Islam reformiert werden soll, und in ande-

---

123 Zu einer knappen Übersicht seiner Position siehe Tibi, Bassam: Keine Selbstaufgabe durch totale Anpassung an den Westen. Der Euro-Islam ist nur im Einklang mit der kulturellen Moderne möglich. In: Das Parlament 32/33 (2005).
124 Ramadan, Tariq. Muslimsein in Europa. Marburg 2001.
125 Nur exemplarisch: Sen, Faruk/Dirk Halm: Der Islam in der Migration. In: Hans Zehetmair (Hg.): Der Islam im Spannungsfeld von Konflikt und Dialog. Wiesbaden 2005, S. 303-320.
126 Tibi bezeichnet Ramadan als „mutmaßlichen Islamisten"; vgl. Tibi, Bassam: Keine Selbstaufgabe durch totale Anpassung an den Westen. Der Euro-Islam ist nur im Einklang mit der kulturellen Moderne möglich. In: Das Parlament 32/33 (2005).

## 7.3 „Euro-Islam" und Integrationsperspektive der Muslime

rem Fall der Koran, der zwar einer Auslegung aus der westlichen Lebenswirklichkeit heraus bedarf, die möglichen Ergebnisse dieser Auslegung aber letztendlich doch in gewissem Umfang prädisponiert. Kurz: Auch die Weiterentwicklung des Islams in Europa führt sicher nicht dazu, dass er sich zu einer originär europäischen Idee wandelt. Von daher ist die von Tibi gezogene Schlussfolgerung, die in Westafrika beobachtete Entstehung eines originär afrikanischen Islams könne analog in Europa eintreten und entsprechend zu einem Euro-Islam führen, bisher hypothetisch und es stellen sich Fragen nach der Vergleichbarkeit der Rahmenbedingungen.

Die empirische Wissenschaft, die sich mit dem Islam in der Migration befasst, kommt wiederum zu einer anderen Akzentsetzung. Obwohl die religiöse Identität der Muslime in der Migration in Deutschland in den letzten Jahren eher an Bedeutung gewinnt als verliert, besteht, nicht anders als in den christlichen Kirchen, ein „horizontales Schisma"[127] zwischen Laien und Theologen.[128] Dieses in der Lebenswirklichkeit an vielen Stellen greifbare Schisma ist ein auffälligeres Merkmal des Islams in Europa als seine theologische Erneuerung. Dass dies so ist, wird auch durch den Befund gestützt, dass, obwohl die Religiosität unter den Muslimen ausgeprägt und in der ersten Hälfte des Jahrzehnts sogar gewachsen ist, die Organisationsquote in den Moscheegemeinden stagniert oder sogar geringer wird, ganz zu schweigen von einer zurückgehenden Befolgung muslimischer Glaubensvorschriften durch die zweite und dritte Zuwanderergeneration.[129]

Angesichts dieser Widersprüche ist fraglich, ob der „Euro-Islam" eine geeignete Kategorie ist, wenn es darum geht, Zukunftsperspektiven der Muslime in Deutschland abzuschätzen.

---

127  Lay, Rupert: Nachkirchliches Christentum – Der lebende Jesus und die sterbende Kirche. 3. Aufl., Berlin 1996.
128  Sauer, Martina/Sen, Faruk: Religiöse Praxis und organisatorische Vertretung türkischstämmiger Muslime in Deutschland. In: Zeitschrift für Türkeistudien 1+2/2005, 105-126.
129  Siehe dazu Sen, Faruk/Dirk Halm: Der Islam in der Migration. In: Zehetmair, Hans (Hg.): Der Islam im Spannungsfeld von Konflikt und Dialog. Wiesbaden 2005, S. 303-320, hier S. 313.

Erneuerungs- und Reformbewegungen, die auch neue Wege der Koranexegese gehen,[130] die Auseinandersetzung um das Verhältnis von Religion und Vernunft kennt der Islam auf breiter Front, sie kommen in der Wahrnehmung des Westens seit dem Erstarken des politischen Islamismus seit der der Revolution im Iran 1979 und des islamistisch motivierten Terrorismus nur kaum noch vor.[131] Eine Abschätzung, inwieweit der Islam in Europa zu einer Erneuerung der Religion einen besonderen Beitrag leistet – sich also so etwas ein Euro-Islam etabliert –, ist schwer zu treffen, aufgrund der schlichten Pluralität der Muslime. Deutlich ist aber, dies machen die Expertenbefragungen im Rahmen der vorliegenden Studie widerspruchsfrei klar, dass etwaige theologische Reformen nicht oder so gut wie nicht von den etablierten islamischen Verbänden oder ihren Mitgliedsorganisationen ausgehen. Dies hat unterschiedliche Ursachen, zu denen zuvorderst die schlechte Ressourcenausstattung zählt, teilweise aber auch eine verbliebene Herkunftslandorientierung, die gerade bei funktionierenden demokratischen Strukturen im Zuge des intergenerativen Wandels der Migrantencommunity aber an Bedeutung verlieren kann. Im Moment kann man aber davon ausgehen, dass diese Verbände weniger eine Erneuerung des Islams im Sinne eines „Euro-Islams" herbeiführen, sondern vielmehr die Vertiefung des „horizontalen Schismas" unter den Muslimen vorantreiben werden.

Demgegenüber ist nicht deutlich, inwiefern der organisierte Islam in Deutschland tatsächlich von einer Generation gläubiger Muslime, die im deutschen säkularen System sozialisiert wurden und es hier zu guter gesellschaftlicher Partizipation bringen, profitieren könnte. Einiges spricht dafür, dass diese „Neo-Muslime" zu einem stark individualisierten Zugang zur Religion tendieren werden. Und diese Prognose hat nicht unbedingt primär etwas mit dem Islam zu tun, sondern damit, dass gesellschaftliche Engagementzugänge und die Erwartungen von Engagierten

---

130 Siehe nur exemplarisch Abu Zaid, Nasr Hamid: Islam und Politik. Kritik des religiösen Diskurses. Frankfurt/Main 1996.
131 Eine kurze Übersicht bietet Akasoy, Anna: Glaube und Vernunft im Islam. In: Aus Politik und Zeitgeschichte 27-28 2007, S. 10-17; siehe auch Rudolph, Ulrich: Islamische Philosophie. Von den Anfängen bis zur Gegenwart. München 2004.

## 7.3 „Euro-Islam" und Integrationsperspektive der Muslime

an ihre Tätigkeit einem starken Wandel unterworfen sind, indem freiwilliges Engagement weniger in formalen Zusammenhängen gesucht wird.[132] Diese skeptischen Einschätzungen zum „Euro-Islam" sind sicherlich angreifbar, setzen sie sich doch dem Verdacht aus, dass sie den durch die muslimischen Verbände in Deutschland repräsentierten Islam als reine Reproduktion des Islams in den Herkunftsländern zu begreifen und dabei migrationsspezifische Bedingungen zu übersehen. Die vorliegende Studie übersieht diese migrationsspezifischen Bedingungen nicht, argumentiert aber, dass sie eher bei islamischen Gruppen – oder auch nur Individuen – außerhalb der traditionellen Verbände zum Tragen kommen – auch nur eine Trendaussage, da auch die Verbände untereinander sehr heterogene Gemeinden verwalten können. Sie waren von Beginn an gefordert, unterschiedlich ausgeprägte Vereine zu integrieren, wobei im Unterschied zu anderen europäischen Ländern unterschiedliche Herkünfte der Muslime eine geringere Rolle spielten, da der türkische Islam hier stark dominierte. Mit dem Hinzukommen einer aufnahmelandorientierten Richtung könnte die Integrationskraft der Verbände nun aber überfordert werden.

Die aktuelle Entwicklung scheint eine schon 1999 hinsichtlich der Migrantenselbstorganisationen in Deutschland im Allgemeinen getroffene Überlegung zu bestätigen:

> Herkunftsheterogene Vereinigungen haben den besonderen Vorteil, dass sie schon in sich selbst eine plurale Vielfalt zusammenführen und damit als solche integrativ wirken. [...] Für die Bedürfnisse der in Deutschland aufgewachsenen „zweiten" und „dritten" Generation sind sie besser geeignet.[133]

Die Intention des Islamgipfels, die außerhalb der traditionellen Verbände befindlichen Muslime zu aktivieren und bestenfalls zu organisieren, ist somit tatsächlich im Sinne der Interessen der Aufnahmegesellschaft an

---

132 Hepp, Gerd F.: Wertewandel und Bürgerschaftliches Engagement – Perspektiven für die politische Bildung. In: Aus Politik und Zeitgeschichte 29/2006, S. 31.
133 Zentrum für Türkeistudien/Institut für Politikwissenschaft der WWU Münster: Selbstorganisationen von Migrantinnen und Migranten in NRW – Wissenschaftliche Bestandsaufnahme. Schriftenreihe des MASSKS NRW. Düsseldorf 1999, S. 3.

einer Integration der Muslime. Aber selbst wenn dies gelingt, droht eine Diskrepanz zwischen den normativ motivierten Vorstellungen der Aufnahmegesellschaft von einem europäischen Islam und der tatsächlich eintretenden theologischen Entwicklung – denn zu einer Verkirchlichung und damit einer reibungslosen Einpassung in das deutsche Rechtssystem wird auch eine lebendige theologische Auseinandersetzung um den Islam in der Migration kaum führen. Zwar gibt es eine lebhafte Diskussion der muslimischen Gruppierungen in Deutschland um das Verhältnis von Islam, Staatsverfassung und individuellen Freiheitsrechten, diese muss aber nicht Zeichen einer theologischen Erneuerung im engeren Sinne sein. Anders formuliert:

> Wenn von „islamischer" oder „europäisch-islamischer" Identität gesprochen wird, so ist dies kein Zeugnis oder Gütesiegel islamischer Religiosität im europäischen Kontext, sondern es handelt sich um eine empirisch kaum prüfbare Vereinheitlichung auf der Basis einer säkularen Diskurssprache, die in westlichen *academies* produziert wird.[134]

Es wird viel davon abhängen, inwieweit der deutsche Gesetzgeber den Muslimen zukünftig entgegenkommt und etwa das Körperschafts- und Staatskirchenrecht derart ausgestaltet, dass eventuell auch eine größere Zahl muslimischer Organisationen als jeweils eigene Religionsgemeinschaft anerkannt werden. Dies würde den ausgesprochen integrationshindernden, für die jeweiligen Taktiken der Akteure anfälligen Legitimitätsdiskursen die Grundlage entziehen und wäre ein pragmatischer Schritt hin zur besseren Institutionalisierung des Islams in Deutschland.

## 7.4 Parallelgesellschaft

Die Existenz von „Parallelgesellschaften" von Migranten ist eine in Politik und Öffentlichkeit häufig gestellte Diagnose des Integrationsstandes

---

134 Tiesler, Nina Clara: Europäisierung des Islam und Islamisierung der Debatten. In: Aus Politik und Zeitgeschichte 26/27 2007, S. 30-31.

von Zuwanderern in Deutschland. In der Regel schwingt bei diesem Begriff mit, dass sich diese Parallelgesellschaften vermeintlich eher durch kulturelle Differenz zur Aufnahmegesellschaft denn durch wirtschaftliche Benachteiligung auszeichnen. Mehrere wissenschaftliche Beiträge haben das Konzept einer so konnotierten Parallelgesellschaft verworfen, besonders mit dem Hinweis darauf, dass primär soziale Ungleichheit die Trennlinie zwischen Deutschen und Muslimen bildet.[135] Im Gegensatz zur öffentlichen Wahrnehmung wird seitens der Migrationsforschung argumentiert, dass angesichts massiver gesellschaftlicher Exklusion und Chancenungleichheit die Identifikation und Interaktion mit der Aufnahmegesellschaft überraschend ausgeprägt ist, würde doch die Integrationstheorie eher nahe legen, dass gesellschaftliche Ausgrenzung tatsächlich im Rückzug in segregierten Strukturen resultiert, die den Kontakt mit der Aufnahmegesellschaft meiden.[136] Zugleich hat aber die muslimische Identität für viele Zuwanderer an Bedeutung gewonnen.

Selbst wenn dies „Parallelgesellschaften" fördern sollte, so wäre ja immerhin zu fragen, inwiefern das ein Ausdruck von Desintegration wäre – so geben Micus und Walter zu bedenken:

> Die Verbindung von „Parallelgesellschaft" und Glauben ist [...] eher die Regel als die Ausnahme und durch beider Beitrag zu Persönlichkeitsstabilisierung im Übrigen keinesfalls generell integrationshemmend.[137]

Geht man aber dessen ungeachtet davon aus, dass eine kohärente, von der Aufnahmegesellschaft abweichende religiöse Identität einer Gruppe zumindest eine wichtige Voraussetzung für die Entstehung von „Parallelgesellschaften" in dem negativen Sinne ist, wie der Mainstream-Diskurs sie definiert, so könnte der Bedeutungszuwachs der religiösen Identität Anlass zu Sorge geben.

---

135 Siehe Micus, Matthias/Franz Walter: Mangelt es an „Parallelgesellschaften"? In: der Bürger im Staat 4/2006, S. 215-222; Halm, Dirk/Martina Sauer: Parallelgesellschaft und ethnische Schichtung. In: Aus Politik und Zeitgeschichte 1-2/2006, S. 18-24.
136 Halm, Dirk/Martina Sauer: Parallelgesellschaft und Integration. In: Politische Bildung 3/2006, S. 46-65.
137 Micus, Matthias/Franz Walter: Mangelt es an „Parallelgesellschaften"? In: der Bürger im Staat 4/2006, S. 216.

Rein nominell besteht eine gewisse Einheitlichkeit der Muslime in Deutschland angesichts der weitgehenden Zugehörigkeit zur sunnitischen Richtung des Islams.[138] Es ist aber davon auszugehen, dass eben auch die Sunniten sich nicht als homogene Gruppe empfinden. Im Zeitverlauf wechseln sich unterschiedliche Mechanismen der Homogenisierung und Heterogenisierung ab. In der Vergangenheit war der Islam nicht zuletzt landsmannschaftlich organisiert, und Prägungen des Herkunftslandes wirkten sich in der Migrationssituation fort. Die Deutsche Islamkonferenz könnte ein Schritt zur endgültigen Verabschiedung von der landsmannschaftlichen Organisationsform sein, indem sie eben zur Etablierung eines *deutschen* Islams beiträgt. Dass dieser dann aber die Grundlage für eine religiös-kulturell definierte Segregation schaffen würde, ist ausgesprochen unwahrscheinlich, betrachtet man die in dieser Studie nachgewiesenen Diversifizierungsprozesse.

Auch ist anzunehmen, dass insbesondere angesichts sozialer Ungleichheit Segregationsgefahr der Muslime in Deutschland besteht und vielleicht auch wächst. Auf die Notwendigkeit, dieser Gefahr durch eine Verbesserung der sozialen Chancengleichheit zu begegnen, wurde oben bereits hingewiesen. Dessen ungeachtet verbindet sich kurzfristig mit der Vermeidung muslimischer „Parallelgesellschaften" die Hoffnung auf eine bessere Zusammenarbeit mit den muslimischen Communities bei Terrorismusbekämpfung und Prävention anomischen Verhaltens ebenso wie auf die kooperative Lösung der sich im Zusammenleben stellenden Aufgaben. Hier wird es nicht darum gehen, „die" muslimische „Parallelgesellschaft" zu verhindern, sondern höchstens einen Beitrag zur Reduzierung einzelner problematischer, segregierter Strömungen im Islam zu leisten. Inwiefern dies im Rahmen der Deutschen Islamkonferenz gelingen kann, ist unklar, da hier auch viele taktische Diskurse geführt werden. In diesen taktischen Diskursen manifestieren sich eine Reihe von teils auch widersprüchlichen Interessen. Diese können beispielsweise sein: Die Institutionalisierung eines fragmentierten Islams durch die Anerkennung einer Zahl von Körperschaften zu verhindern und stattdessen

---

138 Vgl. Halm, Dirk/Martina Sauer: Parallelgesellschaft und ethnische Schichtung. In: Aus Politik und Zeitgeschichte 1-2/2006, S. 20.

auf einen Dachverband zu setzen; mit dem Verweis auf die mangelnde Einigungsfähigkeit der Muslime oder eine generell bemängelte fehlende Vertretungskompetenz ihrer Organisationen ihnen einen gegenüber den christlichen Kirchen gleichberechtigten Status nicht zuzugestehen; als „Gegenleistung" für eine gelungene „Domestizierzierung" einzelner islamsicher Gruppierungen ihnen tatsächliche rechtliche Gleichstellung zu gewähren – etwa der alevitischen Gemeinde; oder die bewusste Stärkung der landsmannschaftlichen Organisationsform und die Hintertreibung der Bildung einer europäischen „Umma", etwa weil ein türkisch geprägter Islam als staatskonform und damit als bewahrungswürdig angesehen wird.

Die tatsächliche Etablierung einer muslimischen „Parallelgesellschaft" wäre wohl dann am wahrscheinlichsten, wenn sich ein einheitlicher „Staatsislam" konstituieren würde, der religiöse und landsmannschaftliche Trennlinien sowie neue Diversifizierungstendenzen verwischt, bei Fortbestehen der sozialen Segregation der Zuwanderer. Ein solches Modell ist aber vollkommen unrealistisch und wird auch von keinem im Diskurs relevanten Akteur propagiert. Parallelgesellschaftliche Subgruppen können sich aber auch bilden, wenn im Zuge des momentan stattfindenden Diskurses um die politische Integration des Islams sehr konsequent vermeintlich staatskonformen Verbänden – wie etwa den Aleviten oder DITIB – Körperschaftsstatus oder das Recht auf die Erteilung von Religionsunterricht zuerkannt wird, und darüber das Gespräch mit den Außen vor bleibenden Gruppen abreißt. Auch eine solche Entwicklung ist aber unwahrscheinlich, da die politischen Akteure für diese Gefahr sensibilisiert scheinen.

## 7.5 Bedeutungsverlust von Religion

Nina Clara Tiesler verweist auf zwei Tendenzen des gegenwärtigen Islams in Europa:

Säkulare Bildung, Kommunikationswege, Organisationsformen, Alltagsbedingungen, politische Strategien, die Sozialisation und auch Exklusionserfahrungen in europäischen Gesellschaften und sie Integration neuer Diskurssprachen in muslimische Debatten deuten auf zwei Tendenzen: Einerseits auf die Europäisierung des Islams und Andererseits auf die Islamisierung von Europäerinnen mit muslimischem Hintergrund. Konträr auf den ersten Blick, können diese Diagnosen zu einem analytischen Instrument werden, wenn sie als eine Tendenz gedacht werden – als Tendenz zur Vereinheitlichung.[139]

Tiesler kommt zu dieser Einschätzung mit Blick auf die europäischen Einwanderungsgesellschaften insgesamt. Speziell für Deutschland wirft ihre Analyse die Frage auf, ob nach dem Aufholen eines Entwicklungsrückstandes durch das Entstehen einer muslimischen Mittelschicht sich eine analoge Tendenz zeigen wird, in deren Rahmen sich junge Muslime „neuer Diskurssprachen" bedienen und damit zur Entwicklung eines vereinheitlichten, auch nicht mehr von Landsmannschaften geprägten europäischen Islams beitragen. Die Gegenthese zu dieser Entwicklung wäre, dass mit der der stärkern Etablierung muslimischer Mittelschichten diese weniger einen Beitrag zur Erneuerung des Islams, als vielmehr zu seinem Bedeutungsverlust leisten könnten, schlicht indem analog zur Aufnahmegesellschaft ein beschleunigter Säkularisierungsprozess stattfindet.[140] Dies wäre letztendlich eine assimilative Entwicklung.

Die Daten der empirischen Sozialforschung zur Religiosität der Muslime sowie die Experteninterviews deuten darauf hin, dass eine solche Entwicklung auf absehbare Zeit nicht eintreten wird – auch wenn wenige der befragten deutschen Experten eine derartige Erwartung formulieren, bei der aber eher der Wunsch, dass sich das Problem der Integration des Islams von allein erledigen möge indem sich der Islam selbst erledigt, Vater des Gedanken zu sein scheint.

---

139 Tiesler, Nina Clara: Europäisierung des Islam und Islamisierung der Debatten. In: Aus Politik und Zeitgeschichte 26/27 2007, S. 31.
140 Siehe hierzu Pollack, Detlef: Säkularisierung – ein moderner Mythos? Studien zum religiösen Wandel in Deutschland. Tübingen 2003.

## 7.5 Bedeutungsverlust von Religion

Die Begründung für die verbleibende Bedeutung der muslimischen Identität liegt in den immer bedeutender werdenden Identitätsdiskursen, in deren Rahmen gerade junge Muslime auf die religiöse Zugehörigkeit zurückgreifen. In diesen Diskursen besteht eine Möglichkeit zur Konstruktion von Identität durch Differenz, die nicht allein aufgrund defizitärer sozialer Lagen erfolgen muss, die die Lebenswirklichkeit der meisten Migranten ohne dies kennzeichnet. Ein Experteninterview illustriert diese Analyse:

> Dann muss man sich die Jugendlichen ansehen, die im Schulunterricht irgendwie als Islamexperten zu ihrer Religion Stellung beziehen sollen, auch zu komplexen theologischen Themen, von Lehrern befragt werden, wie ist es bei Euch. Dabei haben sie genauso wenig Ahnung wie die christlichen Schüler, aber sollen natürlich sofort antworten. Sie sind dann erstens verunsichert, zweitens beschäftigen sie sich mit ihrer Religion.

Oder anders formuliert, nochmals unter Rückgriff auf ein im Rahmen der vorliegenden Studie geführtes Experteninterview mit dem Vertreter eine islamischen Verbandes:

> Für mich ist da z.B. der Film „Tal der Wölfe im Irak" so ein Schlüsselerlebnis, so nach dem Motto, die Mehrheitsgesellschaft mag den Film nicht, dann gehen wir erst recht rein. Der Film war ja elend schlecht. Cinematechnisch, kinotechnisch war der Film mit anderen Actionfilmen nicht vergleichbar, aber das hat einen großen Run ausgelöst. Und deshalb diese Bekenntnisse auch zur religiösen Identität, zur kulturellen Identität, die Sie ja auch in den Untersuchungen feststellen, sind vielleicht eher der allgemeinen Stimmungslage geschuldet als dem großen Erfolg der Verbände und der Attraktivität ihrer Angebote.

Auch diese Überlegungen sprechen für eine Individualisierung, nicht für einen zukünftigen Bedeutungsverlust des Islams in Deutschland. Wie weit diese Individualisierung fortschreitet, hängt selbstverständlich in von der Fähigkeit der etablierten Verbände ab, unterschiedliche muslimische Identitäten zu integrieren. Bestenfalls würde es ihnen so gelingen, nicht nur ihre vorhandene Klientel zu sichern, sondern auch attraktiv für „Neo-Muslime" zu werden. Die Verbände sehen sich damit großen organisatorischen Herausforderungen gegenüber. Die quasi „Professionalisierung" der Verbände ist damit der vielleicht wichtigste Schlüssel zu einer erfolgreichen Integration des Islams in Deutschland. Denn es geht nicht nur darum, in Richtung der muslimischen Community sich als integrationsfähig zu erweisen, sondern auch in den von der Aufnahmegesellschaft dominierten Diskursen so viel Macht zu erlangen, dass sie das gesellschaftliche Bild des Islams selbst viel stärker zu prägen vermögen als heute. So unsicher die Zukunftsperspektiven der traditionellen Verbände sind – eine Alternative zu ihnen ist bisher nicht erkennbar, da sie bei der Bereitstellung der religiösen Grundversorgung unverzichtbar bleiben. Jedenfalls wird der deutsche Islam mehr Diskursmacht brauchen, denn insbesondere die internationale Situation wird auf absehbare Zeit der Wahrnehmung einer vermeintlichen Konfrontation zwischen in Islam und Westen und der vermeintlichen Nicht-Integrierbarkeit von Muslimen in die westliche Werteordnung weiterhin Vorschub leisten. Damit drohen die Muslime sich weiter ständig gegenüber der Aufnahmegesellschaft legitimieren zu müssen, was auch immer auf gegenseitige Kosten der unterschiedlichen Organisationen erfolgen kann. Die Muslime sehen sich damit den beiden schwer zu vereinbarenden Aufgaben gegenüber, zugleich ihre organisatorische Schlagkraft zu stärken und mehr Differenz zu organisieren.

Es erweist sich, dass die muslimischen Communities über nur geringe Diskursmacht verfügen, die im Zuge der Aufgabe, zukünftig in noch größerem Ausmaß Heterogenität zu organisieren als zuvor, weiter schwinden wird. Damit sind die Muslime in der Mehrheit nicht in der Lage, Positionen in der Debatte um ihre Integration des Islams in Deutschland durchzusetzen. Gleichzeitig operieren aufnahmegesellschaftliche Akteure mit Redestrategien, die geeignet sind, das eventuelle Scheitern des Projekts der (auch rechtlichen) Integration des Islams durch eben seine wahrgenommenen organisatorischen und theologischen Schwächen zu legitimieren.

# Literatur

Abu Zaid, Nasr Hamid: Islam und Politik. Kritik des religiösen Diskurses. Frankfurt/Main 1996.
Akasoy, Anna: Glaube und Vernunft im Islam. In: Aus Politik und Zeitgeschichte 27/28 2007, S. 10-17.
Aries, Wolf D. Ahmed: Konfliktlinien westlicher und islamischer Kulturvorstellungen. In: Wilhelm Heitmeyer/Rainer Dollase (Hg.): Die bedrängte Toleranz. Ethnisch-kulturelle Konflikte, religiöse Differenzen und die Gefahren politisierter Gewalt. Frankfurt/Main 1996, S. 349-359.
Benn, Piers: On Islamophobia-phobia. In: New Humanist, Summer 2002.
Bielefeldt, Heiner: Muslime im säkularen Rechtsstaat. Integrationschancen durch Religionsfreiheit. Bielefeld 2003.
Bourdieu, Pierre: Was heißt sprechen. Die Ökonomie des sprachlichen Tausches. Wien 1990.
Halm, Dirk/Marina Liakova/Zeliha Yetik: Zur Wahrnehmung des Islams und der Muslime in der deutschen Öffentlichkeit 2000-2005. In: Zeitschrift für Ausländerrecht und Ausländerpolitik 5-6/2006, S. 199-206.
Halm, Dirk/Marina Liakova/Zeliha Yetik: Pauschale Islamfeindlichkeit? Zur Wahrnehmung des Islams und zur sozio-kulturellen Teilhabe der Muslime in Deutschland. In: Siegfried Jäger/Dirk Halm (Hg.): Mediale Barrieren. Rassismus als Integrationshindernis. Münster 2007, S. 12-48.
Halm, Dirk/Martina Sauer: Parallelgesellschaft und ethnische Schichtung. In: Aus Politik und Zeitgeschichte 1-2/2006, S. 18-24.
Halm, Dirk/Martina Sauer: Parallelgesellschaft und Integration. In: Politische Bildung 3/2006, S. 46-65.
Hafez, Kai/Carola Richter: Das Islambild von ARD und ZDF. In: Aus Politik und Zeitgeschichte 26/27 2007, S. 40-46.
Heitmeyer, Wilhelm/Joachim Schröder/Helmut Müller: Verlockender Fundamentalismus. Türkische Jugendliche in Deutschland. Frankfurt 1997.
Hepp, Gerd F.: Wertewandel und Bürgerschaftliches Engagement – Perspektiven für die politische Bildung. In: Aus Politik und Zeitgeschichte 29/2006, S. 31-38.

Hocker, Reinhard: Islamistische Einflüsse in den Ausländerbeiräten des Bundeslandes Nordrhein-Westfalen. In: Heiner Bielefeldt/Wilhelm Heitmeyer (Hg.): Politisierte Religion. Ursachen und Erscheinungsformen des modernen Fundamentalismus. Frankfurt/Main 1998, S. 395-417.

Hünseler, Peter: Neuere Akzente der Deutschen Bischofskonferenz im Dialog mit dem Islam. In: CIBEDO-Beiträge 1/2006, S. 4-8.

Huntington, Samuel P.: The clash of civilizations and the remaking of world order. New York 1996.

Jäger, Ludwig: Ferdinand de Saussure zur Einführung. Hamburg 2006.

Jäger, Siegfried: Der Karikaturenstreit im „Rechts-Mitte-Links"-Diskurs deutscher Printmedien. In: Jäger, Siegfried/Dirk Halm (Hg.): Mediale Barrieren. Rassismus als Integrationshindernis. Münster 2007, S. 53-85.

Karakasoglu, Yasemin: „Kopftuch-Studentinnen" türkischer Herkunft an deutschen Universitäten. Impliziter Islamismusvorwurf und Diskriminierungserfahrungen. In: Heiner Bielefeldt/Wilhelm Heitmeyer (Hg.): Politisierte Religion. Ursachen und Erscheinungsformen des modernen Fundamentalismus. Frankfurt/Main 1998, S. 450-473.

Kaulig, Ludger: Ebenen des christlich-islamischen Dialogs. Münster 2004.

Kreile, Renate: Der politische Islam in Deutschland. In: Gegenwartskunde 2/1999, S. 179-191.

Lamnek, Siegfried: Gruppendiskussion. Theorie und Praxis. Weinheim 1998.

Lay, Rupert: Nachkirchliches Christentum – Der lebende Jesus und die sterbende Kirche. 3. Aufl., Berlin 1996.

Leggewie, Claus: Alhambra – Der Islam im Westen. Reinbek 1993.

Lehmann, Karl Kardinal: Chancen und Grenzen des Dialogs zwischen den „abrahamitischen Religionen". In: Benedikt XVI: Glaube und Vernunft. Die Regensburger Vorlesung. Freiburg/Breisgau 2006, S. 97-133.

Leibold, Jürgen/Steffen Kühnel/Wilhelm Heitmeyer: Abschottung von Muslimen durch generalisierte Islamkritik? In: Aus Politik und Zeitgeschichte 1-2/2006, S. 3-10.

Lemmen, Thomas/Melanie Miehl: Miteinander leben. Christen und Muslime im Gespräch. Gütersloh 2001.

Micksch, Jürgen: Islamforen in Deutschland. Dialoge mit Muslimen. Frankfurt/Main 2005.

Micus, Matthias/Franz Walter: Mangelt es an „Parallelgesellschaften"? In: der Bürger im Staat 4/2006, S. 215-222.

Mittmann, Thomas: Säkulare Kirche und „eingewanderte Religion". Transformationen des kirchlichen Islam-Diskurses in der Bundesrepublik. Unveröffentlichtes Manuskript 2007.

Paul, Jobst: Auf dem Weg zur „robusten" Ökumene. Vernunft und Glaube in Regensburg. In: DISS-Journal No. 15 (2007), S. 11-17.

Pettigrew, Thomas/Linda Tropp: Does intergroup contact reduce prejudice? Recent meta-analytic findings. In: Stuart Oskamp (ed.): Reducing prejudice and discrimination. Mahwah 2000, S. 93-115.

Pollack, Detlef: Säkularisierung – ein moderner Mythos? Studien zum religiösen Wandel in Deutschland. Tübingen 2003.

Ramadan, Tariq: Muslimsein in Europa. Marburg 2001.

Reissner, Johannes: Vom Umgang mit Islam und Muslimen. Studie der Stiftung Wissenschaft und Politik. Berlin 2002.

Riedel, Eibe H.: Religionsfreiheit und völkerrechtliche Reziprozität. In: Johannes Schwartländer (Hg.): Freiheit der Religion. Christentum und Islam unter dem Anspruch der Menschenrechte. Mainz 1993, S. 436-438.

Rohe, Mathias: Islam und deutsches Recht. In: Zeitschrift für Türkeistudien 1/2000, S. 7-26.

Rohe, Mathias: Der Islam – Alltagskonflikte und Lösungen. Rechtliche Perspektiven. 2. Aufl., Freiburg/Breisgau 2001.

Rudolph, Ulrich: Islamische Philosophie. Von den Anfängen bis zur Gegenwart. München 2004.

Sauer, Martina/Faruk Sen: Religiöse Praxis und organisatorische Vertretung der türkeistämmigen Muslime in Deutschland. In: Zeitschrift für Türkeistudien 1-2/2005, S. 105-126.

Satilmis, Ayla: Kriterien und Standards der interkulturellen und interreligiösen Kommunikation. Evaluationsergebnisse. Vortrag auf der Fachtagung der Universität Bremen am 26.-27. Januar 2007.

Scarabis, Martin/Arnd Florack: Werte und Vorurteile im interkulturellen und interreligiösen Dialog aus Sicht der Sozialpsychologie. In: Beate Schmidt-Behlau/Antje Schwarze: Im Dialog zum Miteinander. Ein Leitfaden für die Begegnung mit Muslimen in der Erwachsenenbildung. Bonn 2005, S. 62-64.

Schäuble, Wolfgang: The German Conference on Islam. In: Turkish Policy Quarterly, Winter 2006/07, S. 15-21.

Schiffauer, Werner: Ausbau von Partizipationschancen islamischer Minderheiten als Weg zur Überwindung des islamischen Fundamentalismus? In: Heiner Bielefeldt/Wilhelm Heitmeyer (Hg.): Politisierte Religion. Ursachen und Erscheinungsformen des modernen Fundamentalismus. Frankfurt/Main 1998, S. 418-437.

Schiffauer, Werner: Muslimische Organisationen und ihr Anspruch auf Repräsentativität: Dogmatisch bedingte Konkurrenz und Streit um Institutionalisierung. In: Alexandre Escudier (Hg.): Der Islam in Europa. Der Umgang mit dem Islam in Deutschland und Frankreich. Göttingen 2003, S. 143-158.

Sen, Faruk/Halm, Dirk: Der Islam in der Migration. In: Hans Zehetmair (Hg.): Der Islam im Spannungsfeld von Konflikt und Dialog. Wiesbaden 2005, S. 303-320.

Spielhaus, Riem: Organisationsstrukturen islamischer Gemeinden. In: Riem Spielhaus/Alexa Färber (Hg.): Islamisches Gemeindeleben in Berlin. Berlin 2006, S. 12-17.

Tezcan, Levent: Interreligiöser Dialog und politische Religionen. In: Aus Politik und Zeitgeschichte 28-29/2006, S. 26-32.

Tibi, Bassam: Keine Selbstaufgabe durch totale Anpassung an den Westen. Der Euro-Islam ist nur im Einklang mit der kulturellen Moderne möglich. In: Das Parlament 32/33 (2005).

Tiesler, Nina Clara: Europäisierung des Islam und Islamisierung der Debatten. In: Aus Politik und Zeitgeschichte 26/27 2007, S. 24-32.

Thränhardt, Dietrich: Selbsthilfe, Netzwerke und soziales Kapital in der pluralistischen Gesellschaft. In: ders./Karin Weiss: SelbstHilfe. Wie Migranten Netzwerke knüpfen und soziales Kapital schaffen. Freiburg 2005, S. 8-44.

Waardenburg, Jacques: Islam in Europe. Some Muslim Initiatives and European Responses. In: IMIS-Beiträge 14 (2000), 111-125.

Wodak, Ruth et al.: Zur diskursiven Konstruktion nationaler Identität. Frankfurt/Main 1998.

Zentrum für Türkeistudien/Institut für Politikwissenschaft der WWU Münster: Selbstorganisationen von Migrantinnen und Migranten in NRW – Wissenschaftliche Bestandsaufnahme. Schriftenreihe des MASSKS NRW. Düsseldorf 1999, S. 3.

Zinser, Hartmut: Wehrhafte Religionsfreiheit und religiöser Verbraucherschutz. Grenzen der Religionsfreiheit in der Bundesrepublik Deutschland. In: Gritt Klinkhammer/Tobias Frick (Hg.). Religionen und Recht. Eine interdisziplinäre Diskussion um die Integration von Religionen in demokratische Gesellschaften. Marburg 2002, S. 71-82.

# Quellen

AP-Meldung vom 02.05.2007 über die zweite Sitzung der Nationalen Islamkonferenz.

The Attitude of the Catholic Church towards the Followers of Other Religious traditions: Reflections on Dialogue and Mission, by the Pontifical Council for Interreligious Dialogue. Rome 1984.

Bericht der Unabhängigen Kommission „Zuwanderung": Zuwanderung gestalten – Integration fördern. Berlin 2001.

Berliner Zeitung, 12.04.2007: „Bedenken gegen Kooperation islamischer Verbände", von Kerstin Krupp.

ddp-Meldung vom 12.04.2007 über ein Interview von Bischof Wolfgang Huber mit dem Deutschlandradio Kultur.

dpa-Bericht von Claudia Utermann in den Westfälischen Nachrichten vom 06.01.2007.

dpa-Meldung 14.04.2007: Muslime wollen rechtliche Gleichstellung

dpa-Meldung 09.07.2007: Vatikan: Evangelen keine Kirche

dpa-Meldung vom 5.11. 2007 zur EKD-Synode in Dresden.

Frankfurter Allgemeine Zeitung, 11.04.2004, S. 1: „Islamischer Dachverband gegründet", von Christoph Erhardt.

Frankfurter Allgemeine Zeitung, 27.08.2007: „Der Imam von Penzberg", von Albert Schäffer.

Gemeinsam für Deutschland – Mit Mut und Menschlichkeit. Koalitionsvertrag zwischen CDU, CSU und SPD vom 11.11.2005.

Handelsblatt vom 03.07.2007: „Bürger auf den Barrikaden" von Thomas Ludwig, S. 10.

Interview mit Maria Böhmer, Integrationsbeauftragte der Bundesregierung, am 13.06.2006 im Deutschlandfunk.

Interview mit Bundesinnenminister Wolfgang Schäuble am 26.09.2006 in der Süddeutschen Zeitung.

Interview mit Bundesinnenminister Wolfgang Schäuble am 22.04.2007 in der Frankfurter Allgemeinen Sonntagszeitung.

Islam in der Bundesrepublik Deutschland. 14 religionspolitische Thesen der Türkischen Gemeinde Deutschlands. Berlin, September 2006.
Islamische Charta des Zentralrats der Muslime in Deutschland 2003.
Klarheit und gute Nachbarschaft. Christen und Muslime in Deutschland. Eine Handreichung des Rates der EKD. Hannover 2006.
Kölner Stadtanzeiger vom 10.07.2007: Wallraff will in Moschee aus Satanischen Versen lesen lassen.
Muslime in einer pluralistischen Gesellschaft. Grundsatzpapier der Schura Hamburg vom 18.04.2004.
Newsletter Migration und Bevölkerung 9/2006.
Offener Brief von 38 islamischen Gelehrten an Papst Benedikt XVI. Übersetzt von Michael Blume, im englischen Original veröffentlicht auf www.islamicamagazine.com.
Presseinformation des Bundesministeriums des Innern vom 26.09.2006.
Scharia als Glaubensweg von Muslimen. Informationsblatt des Deutschen Islamforums 2006.
Sekretariat der Deutschen Bischofskonferenz (Hg.): Das Christentum und die Religionen. Arbeitshilfe Nr. 136, Bonn 1996.
Sekretariat der Deutschen Bischofskonferenz (Hg.): Christen und Muslime in Deutschland. Arbeitshilfe Nr. 172. Bonn 2003.
Sekretariat der Deutschen Bischofskonferenz (Hg.): Integration fördern – Zusammenleben gestalten. Wort der deutschen Bischöfe zur Integration von Migranten. Bonn 2004.
Der Spiegel, 26.03.2006: Mekka Deutschland – Die stille Islamisierung, S. 22-35.
Süddeutsche Zeitung vom 10.09.2007: „Das ist Muslim- und Bürgerpflicht". Bericht von Dirk Graalmann und Annette Ramelsberger.
Vorlesung von Benedikt XVI., Aula Magna der Universität Regensburg, Dienstag, 12. September 2006. In: Benedikt XVI.: Glaube und Vernunft. Die Regensburger Vorlesung. Freiburg/Breisgau 2006, S. 11-32.
Zusammenleben mit Muslimen in Deutschland. Gestaltung der christlichen Begegnung mit Muslimen. Eine Handreichung des Rates der EKD. Hannover 2000.

# Verzeichnis der Interviews

Fokusgruppe interreligiöser Dialog (Münster, 13.12.2006):
*Prof. Dr. Jürgen Werbick*, Seminar für Fundamentaltheologie, Universität Münster
*Lamya Kaddor*, Centrum für religiöse Studien, Universität Münster

Fokusgruppe Integrationspolitik (Düsseldorf, 10.01.2007):
*Isil Ceylan*, Referentin des Integrationsbeauftragten der Landesregierung NRW
*Handan Aksünger*, Stipendiatin im Graduiertenkolleg „Zivilgesellschaftliche Verständigungsprozesse vom 19. Jahrhundert bis zur Gegenwart", Universität Münster

Fokusgruppe muslimische Verbände (Ratingen, 26.01.2007):
*Özdemir Akkus*, Integrationsrat Ratingen
*Bedri Turgut*, stellv. Vorsitzender Türkisch-Islamischer Kulturverein Ratingen

Interviews deutsche Politik und Verwaltung
*Günter Piening*, Beauftragter des Berliner Senats für Migration und Integration (Berlin, 28.02.2007)
*Kenan Kolat*, Vorsitzender der Türkischen Gemeinde Deutschlands, Teilnehmer der Deutschen Islamkonferenz (Berlin 02.03.2007)
*Roland Schäfer*, Bürgermeister Bergkamen, Präsident des Deutschen Städte- und Gemeindebundes, Teilnehmer der Deutschen Islamkonferenz (Bergkamen, 12.03.2007)
*Andreas Schmidt, MdB*, Vorsitzender des Rechtsauschusses des Deutschen Bundestags (Mülheim/Ruhr, 12.03.2007)
*Malte Ristau-Winkler*, Abteilungsleiter im BMFSFJ, Teilnehmer der Deutschen Islamkonferenz (Berlin, 14.03.2007)
*Franz Naber*, Integrationsbeauftragter der Stadt Ratingen (Ratingen, 28.03.2007)
*Dr. Stephan Articus*, Geschäftsführendes Präsidialmitglied des Deutschen Städtetages, Teilnehmer der Deutschen Islamkonferenz (Köln, 12.06.2007)

*Thomas Kufen*, Integrationsbeauftragter des Landes NRW (Düsseldorf, 02.07.2007)
*Lutz Heuken*, stellvertretender Chefredakteur der Westdeutschen Allgemeinen Zeitung (WAZ) (Essen, 21.11.2007)

Interviews interreligiöser Dialog

Dr. *Peter Hünseler*, Geschäftsführer CIBEDO, Arbeitsstelle der Deutschen Bischofskonferenz, christlich-islamische Begegnungs- und Dokumentationsstelle (Frankfurt/Main 06.03.2007)
*Jürgen Micksch*, Geschäftsführer des Interkulturellen Rats Deutschland (Darmstadt, 06.03.2007)
*Günter Eitenmüller*, ev. Stadtdekan Mannheim (Mannheim, 06.03.2007)
Dr. *Klaus Lefringhausen*, stellv. Vorsitzender des Annemarie-Schimmel-Forums, Vorsitzender der Integrationsstiftung NRW (Mettmann, 08.03.2007)
Dr. *Judith Wolf*, Referentin für Migration und interreligiösen Dialog, katholische Akademie Wolfsburg (Moers, 12.03.2007)
*Stephan J. Kramer*, Generalsekretär des Zentralrats der Juden in Deutschland (Berlin, 14.03.2007)
Dr. *Martin Affolderbach*, Referent für Islam und Weltreligionen im Kirchenamt der EKD (Hannover, 16.03.2007)
*Hartmut Dreier*, Christlich-islamische Arbeitgemeinschaft Marl, stellv. Vorsitzender des Kuratoriums des Islamarchivs in Soest (Marl, 03.07.2007)

Interviews muslimische Verbände

*Ali Ertan Toprak*, Generalsekretär der Alevitischen Gemeinde Deutschland, Teilnehmer der Deutschen Islamkonferenz (Köln, 08.03.2007)
*Rafet Öztürk*, Koordinator der Leitung für interreligiösen Dialog und Forschung bei DITIB, Teilnehmer der Deutschen Islamkonferenz (Köln, 09.03.2007)
*Hayrettin Aydin*, Geschäftsführer Muslimische Akademie in Deutschland, Teilnehmer der Deutschen Islamkonferenz (Berlin, 13.03.2007)
*Oguz Üçüncü*, Generalsekretär Milli Görüs, Teilnehmer der Deutschen Islamkonferenz (Essen, 15.03.2007)
*Yunus Ulusoy*, Stiftung Zentrum für Türkeistudien (Essen, 15.03.2007)
*Clémence Delmas*, Internetportal „Muslimische Stimmen" (Berlin, 26.07.2007)
*Betül Yilmaz*, Internetportal „Muslimische Stimmen" (Berlin, 26.07.2007)
*Mina Ahadi*, 1. Vorsitzende des Zentralrats der Ex-Muslime (Köln, 07.08.2007)
*Hüseyin Inan*, Muslimischer Theologenbund in Europa, (Essen, 17.09.2007)
*Sulaiman Wilms*, Chefredakteur Islamische Zeitung, (telefonisch, 20.11.2007)

# Abkürzungsverzeichnis

| | |
|---|---|
| AABF | Almanya Alevi Birlikleri Federasyonu – Alevitische Gemeinde Deutschland |
| ACIB | Arbeitsgemeinschaft für christlich-islamische Begegnung |
| ADÜTDF | Europäische Föderation der Türkischen Demokratischen Idealistenvereine |
| AKP | Adalet ve Kalkınma Partisi – Partei für Gerechtigkeit und Aufschwung |
| AP | Associated Press |
| ATIB | Avrupa Türk-Islam Birligi – Union der Türkisch-Islamischen Kulturvereine in Europa |
| BMI | Bundesministerium des Innern |
| BMFSFJ | Bundesministerium für Familie, Senioren, Frauen und Jugend |
| CDU | Christlich Demokratische Union Deutschlands |
| CIBEDO | Christlich-islamische Begegnungs- und Dokumentationsstelle |
| CIBZ | Gesellschaft für Christlich-Islamische Begegnung und Zusammenarbeit |
| CID | christlich-islamischer Dialog |
| CSU | Christlich Soziale Union Deutschlands |
| DISS | Duisburger Institut für Sprach- und Sozialforschung |
| DFG | Deutsche Forschungsgemeinschaft |
| DITIB | Diyanet Isleri Türk Islam Birligi – Türkisch-Islamische Union der Anstalt für Religion |
| dpa | Deutsche Presseagentur |
| EKD | Evangelische Kirche in Deutschland |
| FAZ | Frankfurter Allgemeine Zeitung |
| FORSA | Gesellschaft für Sozialforschung und statistische Analyse |
| FR | Frankfurter Rundschau |

| | |
|---|---|
| GG | Grundgesetz |
| IGMG | Islamische Gemeinschaft Milli Görüs |
| IMIS | Institut für Migrationsforschung und Interkulturelle Studien |
| KCID | Koordinierungsrat der Vereinigungen des christlich-islamischen Dialogs |
| VIKZ | Verband der islamischen Kulturzentren |
| SPD | Sozialdemokratische Partei Deutschlands |
| SZ | Süddeutsche Zeitung |
| TGD | Türkische Gemeinde Deutschland |
| ZAR | Zeitschrift für Ausländerrecht und Ausländerpolitik |
| ZMD | Zentralrat der Muslime |

# Anhang: Interviewleitfäden

## Interviewleitfaden für Akteure christlich-islamischen Dialogs

I. Quantitative Entwicklung des Dialogs

- Intensivierung oder Rückgang nach 11. September?
- Bedeutung des 11. September für den Dialog?
- Auseinandersetzung mit dem Islam jenseits von Dialog

II. Dialogthemen

- Von wem werden Themen definiert? Wandel der Akteure/neue relevante Akteure in den letzten Jahren?
- Bedeutung der Themen Sicherheitspolitik, Terrorismus, Integration, Gewalt, Vernunft, Zusammenleben, Aufklärung als westliches Prinzip
- „Internationalisierung" von Konflikten – z. B. Bedeutung des Gegenseitigkeitsprinzips religiöser Anerkennung? Inwiefern belasten internationale Konflikte den Dialog?

III. Dialoghaltungen

- Veränderungen auf christlicher, Veränderungen auf islamischer Seite („diskursive Assimilation")?
- Bedeutung von Stereotypen vs. Fähigkeit zum selbstreflexiven Dialog
- Wandel von Motivationen, auf beiden Seiten?
- Taktischer Dialog auf unterschiedlichen Akteursebenen
- Bedeutung von Angst vor dem Islam
- Erklärung für Asymmetrien im Dialog (Personen, Vorbildung, Unterlegenheitsgefühl der Muslime?)

IV. Organisation

- Wie werden Positionen festgelegt?
- Differenzierung oder Vereinheitlichung von Haltungen (wachsender Rechtfertigungsdruck auf den Islam, der zu verschärfter diskursiver Konkurrenz unter den Muslimen selbst führt?)
- Veränderung der Gruppe der dialogführenden Akteure?

**Interviewleitfaden für Akteure aus Politik und Verwaltung**

I. Integration des Islams als politische Aufgabe

- „Islam" als Kategorie von Integrationspolitik und in anderen Politikfeldern – Entwicklung?
- Wechselwirkungen zwischen den Politikfeldern bei Etablierung der Kategorie „Islam"
- Differenzierung nach Bundes-, Landes- und Lokalpolitik bei der Entstehung des Themas
- Rolle sicherheitspolitischer Erwägungen in der deutschen Islampolitik
- Präsenz des Themas „Islam und Säkularismus" – Wann ist der Islam säkular?
- Inwieweit überwölbt die Islampolitik zunehmend die Integrationsdebatte? Gründe?

II. Wahrnehmung der Muslime als politische Akteure

- Diversifizierung vs. Alleinvertretung (diskursive Konkurrenz unter den Muslimen?) – Wer gilt als Ansprechpartner?
- Islam als politische Kraft anerkannt? Trennung von Islam und Politik notwendig?
- Konfliktpotentiale
- Kompetenz der deutschen Politik/Verwaltung in der Islampolitik

II. Strategien

- Stärkung des Islams vs. Assimilierung/Marginalisierung als Zielvorstellung?
- Einschätzung der Reformfähigkeit der Muslime (oder nur „diskursive Assimilation" vermutet?)
- Zugehörigkeit des Islams zur deutschen Gesellschaft?
- Vereinbarkeit von Islam und Moderne? Aufklärungsnotwendigkeit? „Domestizierungsabsicht"?
- Zusammenhang von nationaler und internationaler Politik (Terrorbekämpfung, Entstehung politischer Leitbilder)
- Toleranz vs. Integration – Zielkonkurrenz?
- Inwieweit bestimmt strategisches Handeln überhaupt Politik?

**Interviewleitfaden für Vertreter muslimischer Verbände**

I. Zum Interviewten

- Funktion, Tätigkeit
- Motivation
- Aktionsradius (Bundespolitik, Landespolitik, Kommunalpolitik, Zivilgesellschaft)

II. Entwicklung der (organisierten) Religiosität

- Wie wird das die Entwicklung des Engagements in den Verbänden eingeschätzt?
- Zahlenmäßiger Zuwachs/Abnahme?
- Beteiligung vs. Engagement
- Fähigkeit der MSO zur Anregung von Engagement
- Demokratisierung durch deutsches Vereinsrecht?
- Bedeutung politischer Einstellungen für die Entwicklung der (nicht islamistischen) Religiosität (Mölln, Solingen)
- Regionalisierungsentwicklungen

III. Wie hat sich das Tätigkeitsspektrum verändert?

- „Integrative" Angebote
- Wandel des Integrationsbegriffs?
- Bedeutung christlich-islamischen Dialogs
- Lobbyarbeit, Interessenvertretung, Öffentlichkeitsarbeit
- Europäische Transnationalität vs. herkunftslandbezogene Transnationalität
- „Spreading" vom Mitgliedern in andere gesellschaftliche Bereiche

IV. Lobbying der Verbände

- Zugang zu Medien
- Zugang zu Politik und Verwaltung
- Veränderungen seit dem 11. September (quantitativ/nach Themen)
- Aktive Schritte der Aufnahmegesellschaft auf die Verbände/Vereine zu?
- Klimaveränderungen im Verhältnis der Organisationen/islamischer Strömungen untereinander?
- Diversifizierung der Verbände und/oder mehr Kooperation untereinander? Spaltungsversuche? Durch wen?
- Was unterscheidet DITIB als quasi staatliche Organisation von den anderen Verbänden?

V. Die islamischen Verbände in der Öffentlichkeit

- Revision der Öffentlichkeitsarbeit nach dem 11. September?
- Veränderung des Zugangs zu deutschen Medien? Zu heimatsprachlichen Medien?
- Interesse seitens der Medien?
- Entwicklung der Zahl/Qualität der Anfragen von Bürgern an die Organisationen?
- Aufnahmegesellschaftliche Selektionskriterien für „gesprächsfähige" Verbände?

- Vorwissen von Gesprächspartnern über den Islam? Veränderungen?
- Empfindung der Berichterstattung über den Islam in deutschen Medien? Differenzierungsmöglichkeit nach unterschiedlichen Medien?

## VI. Konflikte und Islamfeindlichkeit

- Reaktionen auf religiöse Symbole durch die deutschstämmigen Bürger
- Nachbarschaftskonflikte
- Verdeckte Diskriminierung
- Einfluss internationaler Konflikte auf das Zusammenleben vor Ort
- Einfluss von Integrationsdebatten/sicherheitspolitischen Debatten auf das Zusammenleben vor Ort

# Theorie

Dirk Baecker (Hrsg.)
**Schlüsselwerke
der Systemtheorie**
2005. 352 S. Geb. EUR 24,90
ISBN 978-3-531-14084-1

Ralf Dahrendorf
**Homo Sociologicus**
Ein Versuch zur Geschichte,
Bedeutung und Kritik der Kategorie
der sozialen Rolle
16. Aufl. 2006. 126 S. Br. EUR 14,90
ISBN 978-3-531-31122-7

Shmuel N. Eisenstadt
**Die großen Revolutionen und
die Kulturen der Moderne**
2006. 250 S. Br. EUR 34,90
ISBN 978-3-531-14993-6

Shmuel N. Eisenstadt
**Theorie und Moderne**
Soziologische Essays
2006. 607 S. Geb. EUR 49,90
ISBN 978-3-531-14565-5

Rainer Greshoff / Uwe Schimank (Hrsg.)
**Integrative Sozialtheorie?
Esser – Luhmann – Weber**
2006. 582 S. Geb. EUR 39,90
ISBN 978-3-531-14354-5

Axel Honneth /
Institut für Sozialforschung (Hrsg.)
**Schlüsseltexte der
Kritischen Theorie**
2006. 414 S. Geb. EUR 29,90
ISBN 978-3-531-14108-4

Niklas Luhmann
**Beobachtungen der Moderne**
2. Aufl. 2006. 220 S. Br. EUR 24,90
ISBN 978-3-531-32263-6

Uwe Schimank
**Differenzierung und Integration
der modernen Gesellschaft**
Beiträge zur akteurzentrierten
Differenzierungstheorie 1
2005. 297 S. Br. EUR 27,90
ISBN 978-3-531-14683-6

Uwe Schimank
**Teilsystemische Autonomie
und politische Gesellschafts-
steuerung**
Beiträge zur akteurzentrierten
Differenzierungstheorie 2
2006. 307 S. Br. EUR 29,90
ISBN 978-3-531-14684-3

Erhältlich im Buchhandel oder beim Verlag.
Änderungen vorbehalten. Stand: Juli 2007.

**www.vs-verlag.de**

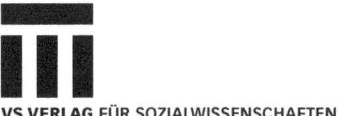

**VS VERLAG** FÜR SOZIALWISSENSCHAFTEN

Abraham-Lincoln-Straße 46
65189 Wiesbaden
Tel. 0611.7878-722
Fax 0611.7878-400

The manufacturer's authorised representative in the EU is Springer Nature Customer Service Centre GmBH, Europaplatz 3, 69115 Heidelberg, Germany. If you have any concerns regarding our products, please contact ProductSafety@springernature.com

Printed and bound by CPI Group (UK) Ltd, Croydon, CR0 4YY

23/03/2026

02076395-0007